宗教文庫

# 從印度佛教到泰國佛教

### 宋立道　著

東大圖書公司

# 自　序

　　在本書的寫作過程中，筆者一直留意於顯示這麼一個事實：像南傳佛教這樣源遠流長的宗教文化，是歷經千餘年才在東南亞國家落葉生根，發展起來的。儘管其源頭都是天竺——古代的印度，但在流播和發展的過程中，由於各地各民族的不同生活環境及物質生產活動的差異，也由於不同文化源頭的影響，現實當中，在各個國家，如緬甸、泰國、老撾，甚至在同一國家的不同地區,例如在泰國的東北部與西北部，上座部佛教的流行形態仍是有所區別的，儘管這種區別還不致於大到否認了佛教僧伽公認的共同歸屬性。但正是這些差異，反映了各地人民物質生活與精神生活的特質。不過筆者在寫作過程中，深感自己所掌握材料的局限性，只能限於不完整地介紹泰國佛教在社會中的表現形態。這就是本書為什麼名為「從印度佛教到泰國佛教」的基本原因。

　　南傳佛教又稱上座部佛教。究竟為什麼要稱上座部呢？上座部佛教以往被北傳一系的佛教稱為小乘佛教。從字面上說，它不過意謂「上座長老們的解脫道路」。其實上座部與早期的所有部派一樣，都聲稱自己的教義可以上溯到佛陀的原初教導，他們實踐的是佛陀的一味的教說。上座部以古代印度的巴利文經典為權威，自認為其傳統可以上續於最初的佛

教僧伽中的上座長老們。我們知道，佛陀涅槃後的最初幾個世紀，佛教僧團就一直在不斷分裂。開始分歧雖不大，但最終形成了十八個或二十個或更多的部派。第一次分裂發生在西元前四世紀時，它是第二次佛教經典結集大會的直接結果。當時從上座部中分出了一個叫做大眾部的派別。第二次大分裂則發生在說一切有部從分別說部中分離出來時，而分別說部據說就屬於上座部系。

那些分佈在南印度和斯里蘭卡的分別說論者，以後便以上座部聞名於世。在阿育王統治期間，上座部傳到了斯里蘭卡，在島上它又分裂為三派，即大寺派、無畏山寺派和祇多林派。據說上座部在四、五世紀時就傳到了東南亞，但今天東南亞的上座部是很久以後，即十一世紀才在緬甸成為主流教派的。十三、四世紀，這一教派形式也佔據了在柬埔寨和老撾的統治地位。

上座部佛教傾向於對佛祖的教義進行保守的和正統的解釋。上座部的理想是成為阿羅漢，也就是完美的聖者。在上座部佛教中，居士與比丘的區別是很明顯的。它認為居士在此生中並不能證菩提，而只能求功德積善業，改善他們在今生或來世的生存境況和道德水平。上座部對佛祖當然非常尊重，但它也還不至於像大乘佛教那樣，宣稱有十方三世的無量恆沙諸佛，它一般也不太多談那些立大宏願、無盡無窮地慈悲度人的諸大菩薩。上座部在修持方面還有一個特點：它特別強調嚴守戒律與堅持禪定，認為這是佛祖留給後世一切

修行者的最珍貴法寶。

其實，整個東南亞的佛教只是大致說有同一的來源，即都來自以前的錫蘭島。但上座部絕不像《大史》或《島史》這樣的佛教資料所宣稱的：它只是一次性地隨著那棵來自菩提伽耶聖地的菩提樹枝，從印度來到楞伽島，又再從那裏隨它的分枝傳向東南亞各地，從而所有東南亞各地的佛教都只是純一無雜的，因而它是一勞永逸地通過自我複製的方式而保存下來的。其實，佛教在南亞和東南亞的傳播時間要漫長得多，輸入路線也要繁雜得多。其同一性只是相對說的，表現形態也是各異的。例如，今天的斯里蘭卡佛教，在民間信仰流行的層次上，更多地吸收了後來的印度文化的內容，從這個意義上說，再稱它為上座部佛教是不準確的。至少它已經離阿育王時代的上座部實踐比較遠了。聯繫到生生不息的社會生活或社會實踐，這種偏離與差異都是容易理解的。

任何外來宗教，都會在新的傳入地經歷一個本土化的過程。如果原來當地文化就有較高的發展水平，外來的宗教就會更多地屈從於原先的傳統，更多地遷就該地區人民的固有文化；如果傳入地區本來的社會文化發展程度要低於該宗教的母國，較多保留外來宗教原樣的可能性就大一些。前一種情況就像是佛教傳入中國，固有的儒家文化和它的倫理價值觀，不可能被印度的佛教價值觀所取代。原先的忠孝節義，經過一定程度的變形對接，便在新的外來文化傳統中沈積下來；而中國文化中原來較為薄弱的思想觀念，則為印度佛教

的鮮明特色所補充，例如對於生死價值的思考和關懷就是。

　　佛教傳入東南亞時，後者無論就政治文化發展，還是精神企求的玄思水平上都遠遠落後於印度，甚至也不及斯里蘭卡。理所當然地，東南亞地區也就較為完整地接受了傳來的佛教形式。這一巨大的影響直到近代以來還可以清楚地看到。在上座部佛教當中，我們至今還可以明顯地感受到政治權力直接從宗教教會方面攝取政治合法性論證的歷史模式。相對於現代的工業化國家的政治發展程度，相對於在它們那裏最先實現的世俗化過程，我們發現：在東南亞地區，國家政權與宗教勢力的分離要更困難一些。無論緬甸還是泰國，宗教與政治的千絲萬縷的聯繫總是存在著，並時時表現出來。佛教對於政府行為或社會運動的肯定與否定，佛教僧伽對於現實所持的積極或消極態度，往往有著舉足輕重的影響作用。這固然與東南亞的現代化程度有關，但同佛教已經更深程度地嵌入了這一地區的文化內核這一事實是分不開的。

　　本書的前一部分，不過是假借一尊玉佛像傳入東南亞的歷史，來顯示佛教在過去千餘年中對於東南亞各國君主們的巨大支援作用。附帶著顯示印度的或准印度的，亦即斯里蘭卡的宗教文化對於東南亞社會生活的影響。在本書的後一部分中，筆者盡其所能地介紹佛教在泰國的當代形態，並試圖以文化人類學方面，用口敘史的方式來客觀地描繪農村社會生活中的南傳佛教。

　　在國際學術界，東南亞歷史上被認為是屬於印度文化圈

的，但中古社會以後，我們顯然可以看到中華文化──政治文化與宗教文化都有──對於這一地區的重大影響。本書在介紹泰國社會中的佛教的習俗時，也多次提到了中華文化的影響。但是影響畢竟只是外緣，泰國社會和泰民族無疑有著她自己的悠久傳統，也就是他們生存的內在依據。後者是無論多少外來文化，甚至外來的移民都不可能取消或替代的。這一基本的評判適用於所有其他的民族或國家：柬埔寨也好，老撾也好，緬甸也好，都是如此。他們都有自己的獨特文化，而決不會變為別的民族的附庸。那怕他們在種族成分上往往有同一性和同源性。這些國家或民族的差別，不可能在一本小書中詳細地敘述。本書的篇幅和作者的學識，都將筆者的注意力局限在泰國的佛教文化上。

　　還有一點需要說明：任何宗教文化的流向不可能是單向度的，像我們也許會誤解的那樣──從先進流向後進，從勢能較大的一端流向勢能較小的一端，就像人們常說的「水往低處流」一樣。其實文化的傳播只能是雙向的，因為它只能是人類的經濟的、物質生產的活動交流，以及伴隨這一活動的精神交流的結果。在斯里蘭卡和東南亞地區兩者之間，有著鮮明的無可辯駁的文化雙向流動的例子。近代以來，斯里蘭卡的三大佛教派別，都與東南亞有關，其淵源都可以追溯到泰國或是緬甸。就是說，佛教既從斯里蘭卡流向緬泰地方，但也有從後一地區向楞伽島回傳的現象。斯里蘭卡的佛教僧伽既施恩於東南亞，也接受了後者的感激回報，這裏也存在

著歷史文化的業感因緣呢。從這個意義上，東南亞洲各地的人民都是佛祖遺產的接受者，也是佛教文化的創造者。他們共同生活、互具互融，形成了一個大緣起的因陀羅網。可以預言，隨著與現代化一道來臨的全球化趨向，佛教同其他世界性的宗教還會進一步結成一種新的大緣起網，共同造福於世界人民。

寫於北京西壩河

二〇〇二年四月

# 從印度佛教到泰國佛教

## 目　次

自　序

**第一章　古代印度的佛教**…………………………… 1

一、故事的開頭………………………………… 3

二、前雅利安時代的輝煌文明………………… 12

三、釋迦牟尼佛的時代………………………… 18

四、佛陀入滅後的佛教………………………… 24

**第二章　上座部佛教來到斯里蘭卡**………… 35

一、佛教的部派分裂…………………………… 40

二、斯里蘭卡大乘思想的發展………………… 46

三、南傳佛教與北傳佛教的理論差別………… 52

㈠原始佛教基本教義………………………… 52

㈡上座部與大眾部的教義分歧……………… 57

四、斯里蘭卡的上座部佛教…………………… 62

# 第三章 東南亞的上座部佛教 69

## 一、緬甸的南傳佛教 71
## 二、柬埔寨的南傳佛教 80
## 三、泰國的南傳佛教 96
（一）泰人國家的崛起 101
（二）泰人國家的早期佛教狀況 107
（三）素可泰時期的佛教 115
（四）阿瑜陀時期的佛教 118
（五）恰克里王朝的佛教 121

## 四、老撾的南傳佛教 124

# 第四章 南傳上座部佛教的經典和 社會習俗 131

## 一、南傳佛教的經典 133
（一）巴利語三藏 135
（二）藏外經典 143

## 二、南傳佛教社會中的節日及社會風俗 146
（一）農村社會的佛教觀念及宗教生活 149
（二）佛教儀禮和佛教節日 158
（三）人生週期轉換的禮儀 182

# 南傳佛教史大事記 205

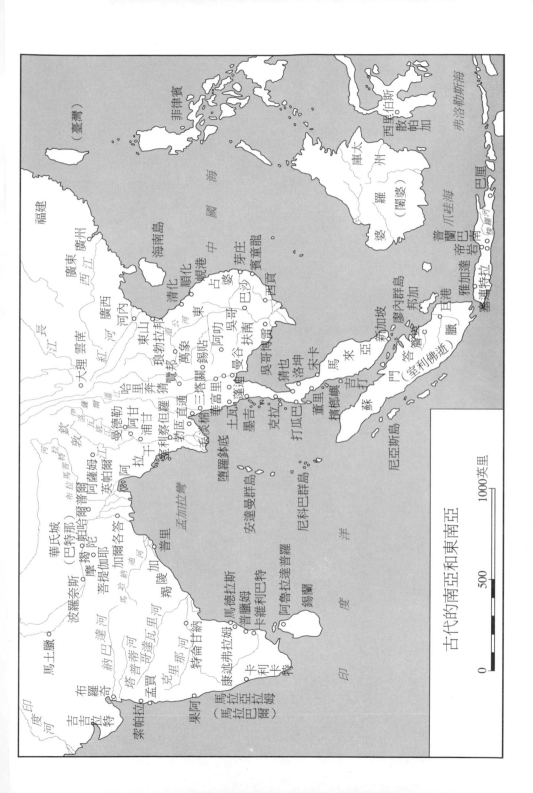

古代的南亞和東南亞

# 第一章

# 古代印度的佛教

正當佛教在印度本土走向沒落時，
它其中的一個支派——上座部佛教，
早就攜帶著先進的印度文化，
跨越海洋、翻山越嶺，
分水陸兩路傳入了南面的斯里蘭卡和東面的緬甸。
佛教的弘法比丘們不畏艱險，
又從那裡將佛陀的教說進一步傳到東南亞腹地。

# 一、故事的開頭

　　眾所周知，東南亞今天的佛教來自南亞，但它不是直接來自南亞而是從那個被稱做「楞伽島」的斯里蘭卡傳來。斯里蘭卡在古代稱做錫蘭。錫蘭的佛教有非常悠久的歷史，按錫蘭自己的古代史書記載，佛祖還在世時，就三次到過楞伽島，在那裡降伏了當地的夜叉、阿修羅和龍王（也就是大蛇而已）一類的凶物，使它們成為佛教的信眾和護法神。如果佛陀真的到過斯里蘭卡，那佛教在錫蘭也就有了2500年以上的歷史了。

　　但是實際上，無論從考古的實物證據，還是學者們依據佛教史料或者靠得住的各國歷史書，包括中國的史書，都客觀地判定東南亞的佛教雖然很早就從印度傳來，但在漫長的歷史過程當中，佛教的地位起起落落。南亞和東南亞的不同的國家或因為歷朝歷代統治者對佛教的態度不同，或因為異族入侵，或因為內部戰亂，再加上海上或陸地上的商業往來時盛時衰，它們同印度或錫蘭的關係也就或緊密或中斷。總之，佛教隨著內部或外部的因素一直在變化中發展。但無論如何，在經歷了兩千餘年後，它堅定地在東南亞大陸站穩了腳跟，成為了當地傳統文化的主流，深刻地融入了當地民族的文化傳統，表現為現代民族的精神風貌。佛教不僅在日常

生活中支配著人們的道德觀念，而且影響著普通的東南亞人
民的生活情趣，它更成為了像泰國這樣的古老君主立憲制國
家的政治意識形態的一部分。宗教與政治緊密地結合，佛教
與王室的象徵性聯姻，使泰國人民從內心深處感受到，整個
泰民族的生存，以及每個泰國人的生活，都與無所不在的佛
法聯繫在一起，並得到了佛祖本人的祝福。因此佛教徒都能
各安其分，寧靜而踏實地生活工作，沒有那麼多奢望，也沒
有那麼多狂亂癡迷。在泰國，其實，在整個東南亞進入近代
社會之前，當殖民主義和西方文明還未侵入前，物質主義還
不像今天這樣泛濫猖獗的時候，緩慢平靜而知足安樂的生活
就一直支配著廣大的農村社會。尤其是泰國，它在最近的二
百多年間，一直維護了國家的獨立。對外它能審時度勢，主
動追求和適應現代化；對內它始終堅持傳統，以佛教立國，
用佛法倫理來教化人民。它在保存優秀傳統的同時，又吸納
了先進的物質文明。當然，今天的泰國社會也有它自己的問
題，但如果與周圍鄰國作一比較，我們不得不承認，泰國是
身處現代化的洪流當中仍然恰當地保留了民族傳統的國家，
是傳統與現代結合的理想範例。我們關於南傳佛教的歷史故
事也就從這裡展開了。

　　每年七月的第一個月圓之日，是東南亞大陸雨季開始的
日子，也是信奉佛教的泰國、老撾（寮國）、柬埔寨、緬甸僧
人們的夏安居開始的日子。如果以緬泰當地的陰曆算，這大
約是9月15日。從這一天起，往後的三個月中間，佛教的僧人

們將在佛寺當中安靜修行，足不出寺。南傳佛教在遵守佛陀制訂的夏安居制度上與北傳佛教是完全一致的，東南亞與南亞都受季風氣候的影響，每年都有明顯的旱季和雨季分別，因此僧伽守夏的制度是符合自然條件的。對於泰國人，夏安居不僅僅是僧伽的重要日子，也是王家的重要節日。我們先來看一下1990年夏安居開始的第一天，泰國國王普密蓬到王家寺院參加的佛教儀式。

凡到過東南亞的人都知道，夏安居的第一天表明了一個風雨不斷的季節已經來臨。今後的三四個月中，天氣的變化是說晴就晴，說雨就雨。往往前一刻還是藍天白雲，轉眼間就是彤雲密布，然後傾盆大雨也就下來了。有時候，雨一下就是好幾天甚至好幾週。

泰曆九月十五是月圓之日，按照泰國王家的儀禮，這一天國王要到王寺親自參加一項重要儀式——為那尊有名的翡翠玉佛換夏裝。今天早上天氣的確不錯，空氣中帶著一股淡淡的花香，那是一陣陣的風送過來的。雖然有一些風，但空氣還是顯得悶熱。不過這對長期生活在曼谷的人來說，已經不算什麼了。今天是一個十分重要的日子，曼谷城中凡有點身分的虔誠佛教徒，都會要去參加國王為玉佛換裝的儀式。

玉佛寺在已有200多年歷史的泰王宮的最東邊。它是有名的王家寺院。天剛亮不一會兒，善男信女們就陸續往王寺走來——要知道，只有先來的人才能在玉佛寺外的庭院裡找到一小塊立足之地。不過，直到當地時間八點——玉佛寺開門

之前，他們還得在寺門外等候。但寺外的佛龕前也已經放上了鮮花，也有好多來得更早的人在燒香點燭了。空氣中彌漫著供佛的燃香的氣息。玉佛寺是面東開門的，就在玉佛寺院牆內的大院裡，那幢供奉翡翠玉佛的殿堂門口有兩個寬敞的亭子，兩個亭子之間還有一個小小的佛龕，龕前塑了兩尊牛，這是典型的印度教的風格。佛殿是戒堂，平時寺中的僧人們每半月一次的布薩懺悔儀式都在這裡舉行，逢國家有重大節日而需要剃度僧人時，這裡更是傳戒的權威戒壇。

時候一到，寺門打開了，人們緩緩地湧入了戒堂外面的庭院。放上自己帶來的蒲團，靜靜地坐了下來，有的人已經開始在那裡冥想靜心。但所有的人都很虔敬，他們留意不讓自己的腳對著佛殿的方向。人越來越多，開始有執勤的士兵慢慢地在人群中穿行維持秩序了。等到一長列身著杏黃色袈裟的比丘，各人手執法器，從外面魚貫而入，進到佛殿中時，人們稍稍有點興奮起來。僧人們著裝的方式與今天在西北印度犍陀羅佛像中所見的僧裝穿法完全是一樣的。人群中因興奮而起的騷動，說明大家知道國王陛下就要駕臨了。當遠遠看見王家的寶傘緩緩向戒堂這邊移動過來時，那就是傘下的普密蓬國王到來了。走在前頭的是一大群王家衛隊的儀仗，然後才是簇擁著國王的身著雪白制服的官員們。國王在佛殿跟前稍稍欠下身子，從匍伏在地上的臣民手中接過他（她）們獻上的鮮花，還以祝福的手勢，然後走進供奉翡翠玉佛的殿堂。此時佛殿外面，人聲有點嘈雜起來，不過馬上樂隊開

始奏樂，樂聲飄過來。樂隊就安置在佛殿外的那兩個亭子裡面，它演奏的是王家的音樂。

殿內下右供奉著那尊舉世聞名的佛像。佛像的姿勢是作跏趺座，佛的右腿疊放在左腿上，佛的兩手平疊，那是典型的入定印相。佛龕安置在一個天車式的寶座上，那天車是有名的印度神話中叫做普沙帕卡的車乘。佛龕前的供案跟前，僧人們分列兩邊，大致成為一圈，再往外是臣僕官員們站成的一個大圓圈。在殿外傳來的音樂聲中，點燃的蠟燭開始由僧人們一支支傳遞開來，搖曳的燭光流動也是禮敬儀式的一個部分。在僧人們的引導下，國王繞到戒堂的後部，從一個寶階拾級而上，一步步地走上去，最後他站在佛祖的那尊玉佛像旁邊。國王將要小心翼翼地為佛像除去祂身上的塵土，把上一季所穿的衣飾褪下來，再把夏裝換上去。這個期間，外面的樂聲不斷，而且還加進了大鼓和號角的音響。殿內的人們都屏住氣息，沒有一個人說話，只有僧人們在禮贊皈敬頌的聲音。玉佛最後擦拭得錚亮，國王把那件金絲織成的鑲嵌著眾多寶石的裰袋給佛像穿挂上去以後，一隻手扶住佛像的肩，另一隻手輕輕擺弄那些墜飾。直到覺得它們都妥貼了，國王才重新緩步走下高高的佛龕。此時的佛像在那頂新換上去的王冠的映襯下，顯得更加莊嚴了。王冠連同冠頂的塔狀物差不多有一米高，那也是純金造成的，上面的寶石熠熠生輝。王冠下有意露出佛的螺髻來——那是佛之為王者的三十二種大人相之一。

國王在佛龕前再次向玉佛致禮。音樂聲一下子停止了，這意味著國王就要離開戒堂了。天上又掉起大顆大顆的雨點來，衛兵有選擇地放了一些外面的善男信女們到殿內來上香禮敬佛祖。這已經是現代化的結果，要是在從前，王家寺院的佛殿只有王室和貴族們才准許進來，普通人是不許可在這拜佛的。國王來到庭院裡，當他從人群中經過時，不時從他旁邊的一個比丘手捧的淨盂缽中蘸上一點水，向低伏敬禮的臣民們的頭上灑上一兩點。這水是經過儀式祝聖過了的。在古代，這是灌頂儀式的一部分，現在這象徵著泰國的臣民們得到國王本人的祝福。

給佛像換裝的整個儀式充分反映了佛教在泰王國政治制度中的重要作用。泰國從20世紀以來就一直強調「佛教、國王和民族」的三位一體的口號。佛教是以往的君主制度和現在的立憲制度的合法性源泉，是整個民族的精神支柱。這種傳統宗教與政治國家相互支持的鼎足而三的社會文化結構充分顯示了巨大的生命力。宗教是人民的主心骨，是國家和民族的希望與治國安民的依據；國王是得到佛祖祝福的佛法在世間的代表。從18世紀後期泰國的拉瑪王朝建立以來，佛教就一直在護衛著歷代的君主。這一牢固而深遠的宗教與政治的聯繫還要上溯到13世紀的初期泰人國家的政治觀念，甚至於可以上溯到更早的錫蘭上座部佛教與僧伽羅君王們的聯繫。事實上，僅以玉佛的歷史為例，我們也可以看到：佛教從一開始就成為了社會政治生活的一個不可或缺的部分。按

照東南亞各地有關這尊翡翠玉佛的歷史傳說和記載，甚至早在古代社會最有名的護法君主阿育王的統治時期，佛教就已經是國家現實政治的一個部分了。政治與宗教的聯姻關係，是南傳佛教的基本特徵之一。我們關於南傳佛教的故事，主要地也就是佛教在不同時期的政治國家的支持下發展流變的歷史。

　　泰國的這尊翡翠玉佛是如此有名，關於它，不僅有泰國的，還有老撾的、柬埔寨的好幾部《玉佛史》。根據泰國的《玉佛史》，這個翡翠玉佛發現於1343年的清萊。清萊在泰國北部，是古代泰人最早建立國家的地方。清萊距離南奔不遠，後者是古代哈里奔猜國舊地。哈里奔猜又是東南亞最古老兩個孟人國家之一，另外有一個叫做直通（又有譯為「打端」的）。直通在下緬甸的錫唐河流域，那裡距離今天薩爾溫江的下游一帶只有幾十里之遙。我們知道，緬甸最早的佛教就是在那裡發展起來的。清萊東邊距離今天的老撾，也只有幾十里地；北邊又鄰近緬甸和我國的雲南。這地方也就大致在我們今天所說的「金三角地帶」。清萊的佛教當然在發現玉佛之前的14世紀中期就已經流行了。清萊在清邁以北約百里之遙，13世紀末就同屬於古代的蘭納泰國家。今天我國雲南的上座部佛教就是從清邁地區傳過去的。西雙版納與景洪地區的傣民族的佛教具有極濃厚泰國佛教色彩，尤其與泰國北部的佛教難以區分。

　　我們還是回過來談這尊翡翠玉佛吧，據說也是在1343年

的夏季，一個大雨滂沱的夜晚，在清萊城外的一座佛寺裡有一個不知從什麼年代就有的佛塔。在泰語中，佛塔稱作Che-di，也就是巴利文的「支提」的意思。總之，在那個雷電交加的夜晚，一個猛雷劈開了古老的、即將傾圮的佛塔，露出了其中保存著的一尊佛像。這尊佛像當時還裹著泥胎，寺中的方丈便將佛像安置在佛堂中，直到有一天，那泥胎的一部分剝落下來，寺中的僧人才發現裡面的翡翠玉佛。但這尊玉佛到底是從哪裡來的呢？於是有了不同的說法。老撾、柬埔寨甚至緬甸都說佛像最初是自己飛到他們那裡去的，以後又消失了，但後來又在清萊地方被重新發現。依據年代上應該算是最早的泰國的《玉佛傳》——當初它是寫在多羅樹葉上的，玉佛的歷史上溯到了西元前五世紀，也就是佛大般涅槃的時候。我們這裡僅且依據泰國佛教的傳說來確定佛陀本人的生期。 泰國人認為現在的釋迦牟尼佛生活在西元前563–483年，從佛在29歲時出家，到36歲時證道開始，他有45年的時間在天竺說法不止，弘化不止。到了80歲，佛本人般涅槃於拘尸那羅城。按照泰國人的這部《玉佛傳》，早在西元前44年，在摩揭陀國的王都華氏城（今天比哈爾邦的首府巴特那）住著國王彌蘭陀和他的國師龍軍長老，這位長老勸說智慧而有些慢見的彌蘭陀王歸信了佛法，又告訴他們供奉佛像會有的功德，於是該王便造了這尊佛像。彌蘭陀王和龍軍長老的故事我們後面還要提到，這裡便暫且按下不表。先說玉佛的來歷。

　　龍軍長老得到國王彌蘭陀的贊成，便著手塑造一個真正寶貴的佛像。他得到韋陀天神的幫助，以神通力到了彌盧山，找到了那裡專門負責山上寶石的地神。彌盧山上有一塊巨大的綠玉寶石，高有三肘寬有兩肘厚有一肘，平時有一千個地神住那裡看守。地神聽龍軍長老說要造一尊玉佛，而閻浮提洲——也就是我們人類所居住的世界——會因這尊翡翠玉佛而得無量功德，所以非常樂意成就這件事，便布施了這塊巨大的寶石。有了寶石之後，上哪裡去找一個名副其實的工匠來雕鑿佛像呢？正好毗首羯磨天——印度教中的大神——聽說這件事也趕來幫忙。他把巨大的玉石背到了天界，再由天上的工匠們花了七天七夜的時間，精心雕鑿了這尊佛像。在韋陀天神的吩咐下，毗首羯磨天又背負著翡翠玉佛來到地上的閻浮提洲，把佛像安放在摩揭陀國的首都王舍城。龍軍長老迎到了寶貴的玉佛，便從懷中掏出了一個裝有七粒佛舍利的寶匣，並且又作祈願說，如若此佛像能使人天得利益並且佛法住世五千年，則這個寶匣自動進入到佛像的腹中去。願此佛像能夠令五國佛法增輝，人民安樂。話音剛落，裝有佛舍利的寶匣也就進到佛像裡面去了。哪五個國家呢？就是後來信奉南傳上座部佛教的五個國家——斯里蘭卡、緬甸、泰國、柬埔寨和老撾。

　　泰國國王與玉佛寺的關係向我們表明了南傳佛教在現實當中的重要政治作用，而東南亞各地流傳的關於玉佛的傳奇故事，又向我們顯示出：佛教作為那裡人民的精神傳統的來

源和社會文化生活的價值核心的崇高地位。以下我們將大致
依據不同的《玉佛傳》中提供的信息，剔除那些明顯不符合
歷史事實的部分，講述一個古老而能夠發人幽思的宗教傳播
史。在這裡，泰國王家寺院中的這尊翡翠玉佛，不僅僅是一
件古代的藝術作品，也不僅僅是中世紀東南亞古代國家的鎮
國之寶，而是印度次大陸與東南亞的兩千餘年文化交流史的
見證。玉佛本身顯示：作為一種偉大的宗教意識，攜帶著古
代社會的高度文明成就的佛教通過其在精神世界中的影響，
教化和改造相對後進的社會。從它傳播的歷史中，我們可以
看到，釋迦牟尼所創造的一代聖教如何滲透到了南亞和東南
亞社會的政治、歷史與文化的各個方面。泰國王寺中的這尊
玉佛 —— 在泰語中它稱作Phra Keo Amarkata Sing Diro，意為
「世上獨一無二的翡翠玉佛」 —— 因此表徵了宗教在人類創
造活動中的偉大作用。

# 二、前雅利安時代的輝煌文明

玉佛所出的印度次大陸早在40萬年前就已經有人居住
了。我們並不知道當時那裡的居民是些什麼人，因為他們與
今日印度人的老祖宗，所謂的雅利安人，在人種和文化上都
有很大的差異。雅利安人是西元前約1500年才從歐亞之間的
某個地方過來的移民。他們經印度西北方的山口進入南亞次

大陸。當我們所知的歷史帷幕拉開時，最古老的印度人已經在那裡生活成千上萬年了，他們也已經形成了自己的社會生活模式，創造了人類特有的鄉村甚至城市的生活區域。在他們的聚居地，例如在城市中甚至有了浴池和街道兩旁的排水溝。依據今天發掘的考古遺址看，他們的建築材料不僅是石料，還有土坯曬成的磚頭，他們還懂得在居室內使用塗料。這個古代文明的遺址因為在印度河流域的哈拉帕和莫亨佐達羅一帶發現，所以被稱為「莫亨佐達羅文明」或者「哈拉帕文明」。這一文明形態至少在距今5000年以前——當黃河流域、尼羅河流域以及幼發拉底斯河發展起來時——就已經達到了高度成熟的程度。從我們今天能夠看到的文化遺物判斷，哈拉帕文明中已經有了農業和畜牧業，還有了冶金技術，商業活動也很活躍。也許他們的貿易活動已經遠遠越出了西北印度的經濟範圍。在社會政治生活方面，他們甚至還有了最古老的村社議事制度。

當然，我們所關心的主要是宗教文化制度。從哈拉帕文化遺址留下來的土坯上的印章和泥偶形象，我們可以猜測原始的宗教觀念早已經出現。那些豐乳肥臀的泥偶使我們想起了世界各地都有的原始的生殖崇拜，像是幼發拉底斯河的典型的大母神崇拜。而在一枚泥坯的印章上我們看到了一個戴著牛角或者羊角的人形，他的兩腿已經疊成了後來我們說的跏趺座的形式。他似乎是在行禪定默想。在他面前有山羊狀的什麼動物在向他致敬，四周則是犀牛大象猴子或一些叫不

出名來的植物——也許這是當時的文字？這位修行者應該是
最早的瑜伽行者,他置身於百獸中間表明了他就是所謂的「獸
主」,就像以後印度教中有名的溼婆獸主那樣。另一方面,他
又很像是後來印度森林中從未絕迹過的苦行僧。又有一枚至
今也保存在德里博物館的泥坯印章,上面甚至也可以看到多
羅樹葉和像法輪的東西,印章的正中則像是描繪著女性生殖
器。原始宗教中,生殖崇拜是核心的文化觀念,這是原始宗
教的一般特徵。但這裡極有個性的,不免要引人猜想的,則
是那些同後來的印度教甚至佛教相關的象徵物。

　　到了距今約四千年時,我們知道的巴比侖文明一下子衰
落下去了,而與此同時,在印度河流域,這個神祕的哈拉帕
文明也逐漸湮滅。考古發掘並未顯示出戰爭這樣的暴力衝突,
因此學者們認為是氣候突然的變化,造成了饑荒,或者是因
某種瘟疫流行,幾年甚至幾個月便奪去了所有人的生命。也
有學者說是因為野蠻人的入侵使得莫亨佐達羅人棄城棄家而
逃亡了。而當時的野蠻人之一,就是高加索一帶沿印度河谷
入侵的雅利安人。這些被稱作雅利安人的部落是印歐人
(Indo-Europeans)的後代。他們在距今四、五千年或者更早時
分兩路遷徙,一支移往東歐,一支移往中亞草原。而在中亞
草原的這一支以後又往南來到了伊朗,往後更陸續從那裡進
入了印度河谷。這支新來的部落民族已經懂得了養牛,有時
候甚至也殺牛食牛肉,但平時更多地只是享用牛奶。至於對
牛的敬畏和崇拜還是很晚的事。

　　雅利安人的游牧部落緩慢地經印度河流域來到今天的旁
遮普（五河流域），然後再沿喜瑪拉雅山南麓往東進入了恆河
流域。到距今天三千年時，他們已經發明了冶鐵的技術。鐵
的出現使雅利安人能夠製造更加銳利的武器和有效的生產工
具。極大地增加了他們的生產能力和戰爭能力，加快了他們
征服南亞次大陸上當地土著的步伐。由於鐵器開始普及，採
用新的生產技術，勞動分工向深層發展，特別是恆河中下游
地區，因天時地利之便，農業的發展特別顯著。人們區劃土
地，建造人工灌溉設施，種植水稻、棉花、豆類等作物，品
種相當繁多。手工業也很發達，出現了許多分工細緻的專業，
如冶金、紡織、製陶、製革、木材和象牙寶石加工，工匠中
有建築師、石匠、弓箭匠、畫匠等等。此期內地的商品交換
頻繁，對外貿易活躍。陸路、水路商隊東到緬甸，西北抵波
斯、阿拉伯，南到斯里蘭卡，輸出的商品主要有織物、香料、
藥草和金銀製品；輸入的有金銀、寶石、珊瑚、金剛石等。
當時的貨幣有金、銀、銅三種，除國王外，富商及行會均可
鑄造。商業和手工業的興盛，促進了城市的形成和繁榮。在
吠陀時代，印度還只有村落；吠陀後期便出現了大的聚落，
以後又逐步形成有圍牆的城市。到了佛陀時代，印度已經有
了不少大城市，如王舍、吠舍離、舍衛、波羅奈斯、阿盤陀、
瞻波、喬賞彌、旦叉始羅。政治國家的中心在城市，其權力
向周圍的村落和農牧業地區輻射。王權日益鞏固和擴大，國
王被認為是「人中最尊者」。當時北印度已演變出世襲君主制，

當然還有少數國家保留了傳統的貴族共和制，如佛陀的故鄉
迦毗羅衛國。

這一時期，南亞次大陸的德干高原還不在雅利安人的勢
力範圍之內，想來主要還是黑皮膚的達毗荼羅人在那裡生活
棲息。但稍晚一些，他們也就要淪為北方來的這些印歐人部
落的奴隸了。與此同時，新來的征服者也開始了城市生活，
最初的城市大約是為了軍事目的而修築起來的。征服者一旦
定居下來，也就組成了一種新的、不同於游牧時代的社會結
構。基本上是以膚色來確定的種姓制度逐步形成。我們猜測，
最初的統治者是淺色皮膚的雅利安人，社會下層的是被征服
了的達毗荼羅人。他們成為了首陀羅種姓。以後，隨著社會
上層內部的職業分工，又有了新的分化，負責文化職能、宗
教職能的婆羅門種姓，負責軍事征服和維持政治秩序的剎帝
利種姓，負責農業或其他生產行當的叫做吠舍種姓。

婆羅門是社會當中的文化階層，他們負責社會的精神創
造活動。他們要揣測天神的意思，預占人世的吉凶，他們要
為社會尋出克服生死恐懼的方法。以後的天文學或星占學，
巫術或醫學，風水或地理學，咒語讚頌與詩歌文學都是他們
的創造。婆羅門種姓解釋和承傳基本的宗教經典，當時已經
形成了四部《吠陀》。吠陀文化包括了所有雅利安人的歷史傳
說和宗教懸想，它成為了印度哲學和宗教的源頭。以後的印
度宗教，印度教、佛教、耆那教等無不受到它的影響。從吠
陀經典往下發展，出現了新的文化形態，這就是《經》、《梵

書》，和《奧義書》、《史詩》、《往事書》等。吠陀的詩歌充滿了哲學玄思，它對於天地自然的起源，人生歸宿，宇宙和日月星辰的運行規則都發出了內心深處的感歎和驚異，這些深刻的思想最終刺激了印度宗教思考與哲學思辯的產生。

我們感興趣的是在距今不到三千年的時候，印度社會已經出現了輪迴轉世的觀念。它教導說，人在生時應該多行善事。如果人能夠按吠陀經典的要求，虔誠地遵守吠陀宗教的規定，死後就可以生在天界並且得到安樂；而如果不行善法，多做惡事，就會輪迴轉生到低賤的畜生界去。當然不單是人類要受輪迴轉世的規律的支配，就是天上的神仙，如果做了惡事，也會墮落生到人世或者更低的畜生界去。而維繫和衡量善惡的標準就是「業」的觀念。業是人的善惡行為的影響的積累。由於業的必然作用，一切有生命的東西都會一再地從生到死，又從死到生，但都不過是一世一世地在痛苦中掙扎。從另一個方面看，用前生的行為來解釋今生的社會處境，對於痛不欲生的、不遇時運的人都會有某種安慰作用。它既給出了現在受苦的原因，也給出了將來得救的希望。但是在印度社會當中，人們並不會滿足於一般的等待來世。為什麼不能尋求一條突破生死輪迴鏈條的出路呢？為什麼不永遠地一下子進入一個寧靜的、不再受業驅使的境界呢？所有的古代印度宗教都想解答這個問題。還在佛教出現於世之前，印度人，尤其那些棄家室而四處浪跡的遊方苦行僧，都在汲汲乎謀求一種永遠的解答。

# 三、釋迦牟尼佛的時代

　　但是古代的吠陀社會也在改變著，從西元前7世紀到6世紀是社會巨變的時代，以往的部落制度瓦解了，公有的份地和牧場逐漸化為私人領地，部落內部以父權制為特徵的耆老議事機構逐漸分化了，它發展出兩種政治制度，一是像跋耆(Vrji)那樣的貴族共和制國家；另一類則是佛陀時代摩揭陀那樣的君主制國家，當然，此時的國家都還只是部落或部落聯盟構成的。伴隨著社會發生的巨大變化，這也是一個思想極為活躍的時代，各種各樣的解脫之道，各種各樣的哲學玄想及流派都湧現出來，按後來佛經裡的說法，外道有九十六種之多。九十六是一個概數，喻其數目眾多，並非實指。當時的社會上充斥著許多出世修行的遊方僧人，他們以乞討為生，四處遊蕩，想以種種奇異的苦行方法達到離苦得樂的境界，達到人生的解脫。

　　當然，並非所有從事人生解脫探索的思想家們都一定離世而修行。就是在社會主流當中，也有一批婆羅門學者和思想家感受到這一社會風尚的衝擊，他們迎接一系列的思想挑戰，重新回到傳統的吠陀經典當中去尋求對新的問題的解答。由於要對付各種各樣的異端學說，他們在回應挑戰時既吸收了當時社會的新鮮思想，也對傳統做了推陳出新的工作。於

是，一系列深刻的哲學思考出現在《奧義書》形式的宗教文獻當中。《奧義書》本身就體現了對於傳統吠陀觀念的部分批判，同時也反映了和以往不同的時代的聲音。

《奧義書》反過來對於社會上尋求解脫的各種思想家們產生了巨大的推動力。它在正統婆羅門學說的內部和外部都引起了強烈的反響，引起更為深刻的異端思想運動。在比佛陀稍早一點的時代，印度社會當中重大的思想運動有六家，稱作六師外道。這六種異端思想連同後來佛陀創立的學說，都屬於「沙門思想」的範疇。所謂沙門思想，也就是各種為求真理而放棄家族和既有的社會地位和責任，通過種種苦行而希望求得解脫的出家人。沙門思想當中，最有影響力的當數佛陀喬答摩的運動。這位迦毗羅衛國的王子，放棄了舒適的王家生活和世間的榮華富貴，選擇了一條荊棘的道路。通過六年的苦修，喬答摩王子難行能行難忍能忍，終於達到並超出了當時一切解脫之道的最高思想成就。從社會學和思想史的角度看，佛陀證得的菩提可以概括為這麼幾點：他否定了吠陀經典的最終權威，也否定了經典傳統所為之辯護的先天的種姓制度；他批判了從遠古以來就一直存在的泛靈崇拜，也批判了婆羅門教關於神我（靈魂不朽）的學說；當然他的批判目的，與其說是創立某種新穎的宗教理論，不如說是為了摧破傳統婆羅門教的理論基礎。這樣，佛陀的理論本身既有對於傳統的借鑒吸收，也有他自己的思想創造。佛陀本人強調了業力說，更進一步地主張業力不失，也就是說一切業

不會自行消失，善惡報償是絕無爽失的。佛陀集中肯定了業
的倫理性質，而反對婆羅門主張的祭祀行為生出福業的說法。

　　佛陀認為人的社會地位不是生就的，不是行祭祀奉獻犧
牲能夠獲致的，這完全取決於他在以往的生活中的道德行為。
這樣佛陀在部分吸收了吠陀思想的同時，也就摧毀了吠陀社
會的理論基礎。佛陀的福音就不只是屬於某一社會階層，而
屬於一切階層一切人的。任何人只要循著佛陀發現的真理（四
諦）和指向解脫的道路（八正道或三十七道品）前進，他都
一定可以得到最終的解放。佛陀對傳統社會的思想批判，還
表現在他反對用婆羅門擅長或壟斷的梵語講道、宣傳他的思
想，結果他的弟子們無論走到哪裡，都採用當地社會的民間
語言傳布佛的聲音。從而，佛教一開始主要在社會下層獲得
了前所未有的超出吠陀宗教的信眾。當然佛陀的思想並不是
無本之木、無源之水，他許多的觀念和思想都來自先前的思
想傳統，只是他更加深刻或者更加人道地作了發揮，因此，
他的思想就具有很大的感召力，甚至一些在婆羅門教文化氛
圍內成長起來的貴族也輕易就被他所說的東西摧伏。《阿含
經》中處處都可以看到碩學的婆羅門因受到他的教化而歸信
佛法的記載。考慮到佛教所產生的印度思想本源，這不僅是
可能的而且是自然的事。佛陀通過他的佛法、戒律來說服世
人。他的中道的原則以其合理主義而為更多的人所接受。他
把五戒十善的道德勸誡結合於人最終的解放目標——涅槃，
他第一次地將「世界何時終結還是不會終結」，「世間有還是

沒有創造主」這樣的玄想同人的道德修養分離開來。佛教從
一開始就集中在除生死大惑這樣的根本目標上，顯現了它體
現實用倫理的宗教信條。

隨著社會經濟的發展，作為手工業和商業中心的城市也
發展起來。城市當中，富商大賈成為社會新貴，他們介入社
會政治生活，往往有很大的社會影響力。各種行會也出現了，
佛經中有十八種行會之說。行會的首領被稱為「長者」，在社
會經濟中占據重要地位，他們對於佛教的發展也有很強的影
響力。在恆河中下游，國王與上層工商業者，即屬剎帝利和
吠舍種姓，在社會上占據統治地位。我們知道恆河、朱木拿
河流域當時的大城市有十六個之多，每個城市都是一個國家，
像是鴦伽、摩揭陀、迦尸、拘薩羅、跋耆、末羅、支提、跋
沙、拘婁等等，這就是佛書上所說的「十六國」。最初是迦尸
和拘薩羅興起；接著是摩揭陀、拘薩羅、跋耆、阿般提四國
對峙；以後又是摩揭陀與拘薩羅爭奪，最終摩揭陀確立了自
己的霸權地位。我們前面已經說到《玉佛傳》就提到了摩揭
陀國，但它卻把龍軍長老和彌蘭陀王的故事安到了這一時代。

佛陀傳教的年代，正值摩揭陀與拘薩羅、跋耆等國爭奪
不已。拘薩羅位於恒河中游，建都王舍城。它的國君波斯匿
王與釋迦牟尼生活在同一時代。跋耆國在恆河下游，由八、
九個部落聯盟而形成貴族共和國，國都在吠舍離。摩揭陀國
的首都是王舍城，從瓶毗沙羅王統治開始（約西元前544–493
年），國勢日強，它以武力消滅了東方鄰國鴦伽。他的兒子阿

闍世王（約前493-462年在位）弒父登位。為爭奪領土，先後向拘薩羅、跋耆發動了長期的戰爭。阿闍世王以後，首都遷到了華氏城。約西元430年，大臣希蘇那伽利用人民起義登上王位，又征服了阿般提國。西元前364年左右，在摩揭陀地區出現了難陀王朝。至此，恆河流域從諸國分立的局面走向了統一。

　　佛陀生活傳道年代就處在這樣的歷史背景下。長期的兼併戰爭，使社會動蕩不安，給人民帶來了極大的痛苦。在早期佛教經典中，「國王之難」與「盜賊之難」相提並論，這反映出苦難的社會現實。這一時期的社會又有思想的相對活躍。早在西元前1200年左右，雅利安人進入印度西北部，逐漸與當地的土著居民混合同化。以吠陀經典為代表的雅利安文化兼容並蓄之餘，形成了新的宗教文化形態——婆羅門教。婆羅門教主張當時社會的四種姓制是神所造，不能人為變更。它強調了婆羅門作為「人中之神」，世界之首的特權地位。但婆羅門教主要流行於印度河流域，很晚才傳入恆河中下游——這正好是佛教早期活動的中心地區——則是相當晚的事。婆羅門教在恆河中下游與原有的社會文化思潮形成了衝突。約在西元前8世紀，它給那裡的固有文化造成極大的衝擊。這裡的居民有的接受了婆羅門教文化及其社會模式，有的則激烈地加以反對。但婆羅門教仍繼續向南流播，逐漸成為社會的主導思想。與此同時，婆羅門教內部也在分化。一種新的思想——《奧義書》思潮在婆羅門教內發展起來。它的基

調也就是對祭祀主義的懷疑，對婆羅門神學觀念的反對。

總之，恆河中下游地區在佛陀出生的前後就已經動蕩不安起來。《奧義書》思想的興起，終於在西元前六世紀造成了以婆羅門正統思想與許多沙門團體對立的兩大思潮。沙門思想方面，成分複雜，觀點繁多，耆那教稱它有「三百六十三見」，佛教則說有九十六「外道」或「六十二見」。其中最有代表性的，除佛教之外，另有六大流派，佛教稱之為「六師外道」。 ❶

佛教也屬沙門思潮。佛教的產生主要受如下一些因素的

---

❶ 它們有（一）阿耆多·翅舍欽婆羅，「順世論」（印度最早的唯物主義者）的先驅之一。他們否認有來世，否認有業報輪迴、天堂地獄。主張享受現世，反對苦行、禁欲和一切虛偽的道德。（二）尼乾陀·若提子，「耆那教」創始人。耆那教特別禁止殺生。認為殺生所造罪孽最大，所得罪報也最大。而要獲得真正解脫，必須設法消滅已經束縛命的業，這叫做「滅」。滅的方法是修苦行、作禪定等，苦行愈烈，解脫愈速。
（三）散惹夷·毗羅梨子，他是典型的懷疑論者。他認為諸如「有無它世」、「有無善惡業報」等重大宗教論題都不可說的。佛教稱他為「不死矯亂論」。（四）婆浮陀·伽旃那，他像是唯物主義者或宿命論者，認為世界本質上由地、水、火、風、苦、樂、靈魂等七種元素構成。它們永恆自存，既非被造，也非能造，因此既無業也無果報。（五）末伽黎·拘舍羅，他是偶然論的命定論者。一切人因偶然因素湊合才出現。一切個人的地位都命定的，沒有個人努力解脫、也沒有祭祀及輪迴，也沒有行善與作惡。（六）富蘭那·迦葉，他是一切宗教及社會道德的懷疑論者。他認為人的倫理行為與善惡業報沒有關係。他的觀點帶有否定一切的傾向，佛教稱之為「無因無緣論」。

影響：釋迦族部族宗教的影響。釋迦牟尼出身於釋迦族聚居
的迦毗羅衛國，例如佛教傳說中的所謂「過去七佛」、「賢劫
四佛」的觀念便反映這種影響；土著文化的影響。釋迦牟尼
並非雅利安人，他長期活動在摩揭陀和拘薩羅等國，並不接
受雅利安文化的完全支配；反婆羅門教的沙門思潮的影響；
當然，佛陀不可否認地受到了婆羅門教的影響，如他關於業
報輪迴的說法就是。

# 四、佛陀入滅後的佛教

　　印度歷史上的重大變化從來就與古代外部世界相關連。
西元前326年，印度西北的重要城市旦叉尸羅(Taxila)——它
是當時的婆羅門宗教文化的中心地之一——曾經一度被馬其
頓來的亞歷山大皇帝的軍隊所征服。馬其頓在當時是希臘化
的國家，馬其頓軍隊在西北印度待的時間並不長，但它留下
了好些希臘人統治的小國家。前面我們說到的彌蘭陀王就是
其中之一。西北印度自這位亞歷山大王來過後，在很長一段
時間都處在希臘文化的影響下。印度自此便和地中海沿岸的
西方文化有了直接和大規模的交流。

　　大約就在這個時候，恆河中游的摩揭陀國的霸主地位已
經給新崛起的孔雀王朝所取代了。摩揭陀的一位奴隸出身的
將軍叫月護(Candragupta)的奪取了國家政權，以華氏城為首

都開闢了新王朝。月護是一個有雄才大略的君主，他和他的兒子叫賓頭沙羅(Bindusara)的因得到非常能幹的國師 —— 喬提利耶(Kautilya)的輔助而勢力日盛。後者被認為是古代印度最了不得的政治家，被西方人稱作古代的「馬基雅弗里」。孔雀王朝的政治勢力達到了印度半島的東西兩岸，南印度也遣使向它表示臣服。王朝的使節往西一直到達波斯帝國，以及敘利亞的塞琉古王都，甚至埃及的托勒密帝國。但美中不足的是在印度東部，今天的奧利薩邦附近，就有一個不肯向孔雀王朝低頭的國家，那就是羯陵迦國。西元前261年，孔雀王朝的第三代皇帝阿育王對那裡發起了討伐。戰爭是這樣的殘酷，死人無數，血流成河。結果，這位阿育王事後非常懊悔。他深信除了歸信佛法，大概再無法洗清自己的罪惡。阿育王後來信佛是這樣虔誠，他在自己的首都完全禁絕了殺生祭祀，有人甚至說當時的王都已經沒有了屠宰的行業。阿育王真正動了惻隱之心，他努力視臣民為自己的兒女。他的國家據說還負起了生老病死的贍養發送的責任。總之，這是一個貫徹佛法的仁慈的帝國。

阿育王對佛教的支持，促進了佛教在社會各階層中的廣泛傳播，也為佛教走向世界打開了通道。在他的治下，北到興都庫什山，南到泰米爾人的印度半島南端，佛法的雨露無所不被。羯陵迦戰爭之後，阿育王懷疑暴力征服的效果，意識到「法（達磨）的征服才是真正的征服」，「依法勝，是最勝」。留存到現在的摩崖石刻以及石柱上的阿育王敕令表明了

他以法治國的方針。他對法（達磨）的解釋是：「除邪惡，多善良，發慈悲，樂施捨，重誠實，貴純潔」。同時規定「戒除殺生」。他的達磨就是給他的臣民規定的一系列道德規範。他告誡官吏，忠於職守，忠於國王，這就是善行，生時能獲得寵信和賞賜，死後能升天界。反之是惡行，生時要受懲罰，死後要下地獄。但是，阿育王對於形而上學的目標似乎並無太大的興趣，他著意的是用佛法來治世，遠不是今天我們所說的什麼終極關懷。佛教基本教義中的一切皆苦、涅槃寂靜，以及相關的抽象思辯，都沒有引起他的注意。既然是從政治上利用宗教，他也就一視同仁地支持其他宗教。他本人朝拜過佛教聖地，像佛陀降生的迦毗羅衛，成道的菩提伽耶，初轉法輪時的婆羅奈斯，涅槃時的拘尸那伽。

約西元前249年，阿育王朝拜佛陀誕生地，在蘭毗尼園留下了石柱銘刻。阿育王還信仰在釋迦牟尼佛出世之前還有過的古佛，這說明當時已有過去佛的傳說了。阿育王大規模地供養沙門，普遍地作種種布施，對後世王家產生了重大的影響。據說每天光雞園寺供養的出家人數就超過了一萬，我們設想這其中當然也包括非佛教的沙門。人們紀念阿育王的護法舉動，最經常言及的是他廣建佛塔。據說他把所發現的佛骨分成八萬四千份，一一建塔供奉。這說明當時的佛教已在往大乘佛教方向上發展了。「塔」，來自梵文，音譯「窣堵波」、「塔婆」等，意譯「方墳」、「大聚」、「靈廟」等。傳說最早的佛塔是用來安置佛舍利和其他遺物的。據說還有一種沒有

舍利安置的塔，叫做「制多」。對窣堵波或制多的供養崇拜，起源很早。部派佛教出現後，還為供養窣堵波或制多能有多少福報的問題有過爭論。如化地部認為所獲福果少，法藏部認為所獲福果大。南方的制多部（以後發展成為大乘）開始即以崇拜制多而聞名。

起塔紀念起源於印度，以後隨佛教流播而傳往其他地區和民族。並隨各地的文化傳統不同而引起了塔的形式更加多樣化。出於崇拜佛塔的需要，佛塔四周的石欄雕塑用來描述佛陀的生平和教誨等，諸如寶塔、菩提樹、法輪、足跡、寶座等，都象徵著佛陀的存在與活動。一頭大象表示佛陀降生，一匹馬表示佛陀出家，寶座暗示降魔，菩提樹暗示成道，輪子象徵說法，塔象徵涅槃……。在這些雕畫中，儘管沒有出現佛陀本人的形象，但也包含了早期佛教的基本教義。對塔的崇拜恰巧成了通向佛像崇拜的橋梁。著名的山奇大塔，就刻有一系列的拜佛儀式——誦經、頂禮、膜拜、獻花和燒香等等。循此以往，也就形成了對佛陀的神化和對佛像的崇拜。包括本書一再提到的翡翠玉佛就是部派佛教後期的產物。佛塔和塔的雕刻物的出現，產生了佛教藝術。塔的結構、雕刻物和造型，反映了不同民族和地區的文化風貌；弘揚佛陀生平，圖解佛教義理，為佛教藝術提供豐富的題材和內容。人們認為，在西元前3世紀到西元前後的佛教文物中，已經有了波斯的、大夏的外來藝術的影響成分。早期佛教中的神話尚不發達，主要注重思辯，部分注意道德。但由於佛教藝術的

興起，佛教形象化的傳播，更容易為廣大的下層群眾接受，也有了產生更多寓言、神話的需要。佛教藝術促進了佛教更廣泛的、多元化的發展。

據他留下的摩崖法敕記載❷，阿育王為宣揚其達磨治國的德政，曾使「希臘王安條克所住之處，及北部的托勒密、安提柯、馬伽斯以及亞歷山大四王所住之處，南部的朱拉王國、潘迪亞王國和錫蘭，皆得法勝」。此中安條克（前261-前246）住處，指塞琉古國（小亞細亞西岸，西亞和中亞的一部分）；托勒密（前285-前247）住處，指埃及國；安提柯（前278-前239）住處，指馬其頓國；馬伽斯（? -前258）住處，指西林尼國（利比亞北部昔蘭尼加）；亞歷山大（前272-前258）住處，指伊庇魯斯國（希臘西北）；朱拉、潘迪亞則是印度南端的兩個小國。阿育王宣揚的「達磨」、「正法」或「法勝」，當包括他支持的佛法在內。

又據南傳佛教傳說❸，阿育王第三次結集後，由目犍連子帝須長老派遣，十幾位上座分成九路，到毗鄰國家和地區布教。其中末闡提長老到罽賓和犍陀羅，摩訶勒棄多到臾那世界（印度西北，希臘移民聚居區）；末士摩到雪山邊國（尼泊爾），須那和鬱多羅到金地（緬甸或馬來半島），摩哂陀到師子洲（斯里蘭卡）。這樣，到阿育王後期，佛教不但已遍及印度全境，而且影響西達地中海東部沿岸國家，北到克什米

---

❷　《摩崖法敕》第十三號。

❸　參見《善見律毗婆沙》。

爾、白沙瓦，南到斯里蘭卡，進入東南亞。佛教由此分為兩
條對外傳播路線，以斯里蘭卡為基地向東南亞傳播的，稱作
「南傳佛教」；以克什米爾、白沙瓦為中心，繼續向大月氏、
康居、大夏、安息和我國的于闐、龜茲傳播的，叫做「北傳
佛教」。

　　約在阿育王統治的時代或稍晚一點（西元前2世紀上半
葉），西北印度的大夏和安息宣布獨立於塞琉古帝國，此時希
臘人統治的大夏和安息開始接受佛教。大夏，即巴克特里亞，
其領域北起阿姆河上游，南抵印度河流域，正是勢力最強盛
的時期，它的國中，希臘人和馬其頓人的移民很多。漢譯《那
先比丘經》（南傳巴利文《彌蘭陀王問經》），就反映了佛教在
這個地區一個叫舍竭的城市國家（今巴基斯坦境內）初傳的
情況。舍竭國王叫彌蘭陀，是希臘人，他向來自罽賓（克什
米爾）的那先比丘講論佛教教義。他們的議論涉及了出家人
的本質、人生的意義、善惡果報、生死輪迴、佛陀的人格或
神格等等進行了討論。彌蘭陀王最終為那先折服，以為「得
師如那先，作弟子如我，可得道疾」。彌蘭陀王歸依佛教是事
實，考古已發現彌蘭陀王施捨的舍利壺。此外，一些碑文還
記載了大夏希臘移民信仰佛教的情況，他們供養佛舍利，向
寺院施捨石柱、水池和其他物品。後來泰國的《玉佛傳》說
這位龍軍（那先）長老這麼發願要一尊佛像：「佛、法、僧是
三寶，為使三寶莊嚴，我一定要選一塊上好的玉石，塑一尊
美好的佛像」。不過《玉佛傳》指稱龍軍長老造像的時代是西

元前44年，這就把彌蘭陀王的實際時代推遲了百餘年。

　　印度與外部世界的接觸從來都得通過西北部的印度河谷。像彌蘭陀王的希臘化國家正代表了西方世界同印度的早期接觸。就我們所知的佛教而言，恐怕最重要的是希臘化的雕塑對於佛教造像的影響。從這個意義上說，那尊翡翠玉佛如果真的產生於印度，那就只能在西元2世紀，希臘文化藝術輸入西北印度很久之後。

　　這個叫做巴克特里亞的大夏其實也是一些部落組成的國家,它們的強盛從西元前1世紀一直繼續到了西元最初的約二百年。這之後，中亞兩河流域又開始動蕩不安起來。西元120年，西北印度受到了來自北方的游牧民族的侵擾。由於中國北部的大草原上的匈奴往西遷移，他們對中亞一帶原來的住民形成了壓力。這些人在中國的史書上稱作「大月氏」。大月氏在原住地無法存身，便向河間地區（阿姆河和錫爾河兩河之間,在今天的阿富汗以北，烏茲別克共和國一帶）。於是迫使那裡的西錫亞人(Scythians)往南遷徙。大月氏的一部以後就成了人們常說的貴霜。大月氏首先進入了以往的大夏和安息一帶，其前鋒勢力一直達到了印度半島的朱木拿河上游的馬土臘。最終大月氏在大夏故地安定下來，而其中的貴霜一部勢力漸增，成為了強大的北印度國家。大月氏應該是在進入大夏故地前就開始信奉佛教了。因為中國史書記載，西元前2年，大月氏王使伊存便已經向東漢的一位博士弟子授「浮屠經（佛經）」了。這也是見之史書最早的佛教傳入漢地的記

載。

　　貴霜王朝的第三代便是北傳佛教史上有名的迦膩色迦王。該王是同阿育王一樣的護法君主。在他的治下，佛教部派當中的說一切有部得到了特別的提倡而發展起來。說一切有部的哲學在西北印度的兩個重鎮發展成為所謂的東方師和西方師兩大源流，東方師指的是罽賓（迦溼彌羅／今天的克什米爾）的論師；西方師則指的是犍陀羅（在今天的巴基斯坦）學派的論師。學者們又認為，佛教造像實際是從迦膩色迦王時代才開始的，那就是西元1世紀後期或2世紀初的事了。他們認為，在此之前，尤其是在大夏佛教流行的西元第1世紀，那裡的希臘化國家如彌蘭王的竭舍國中，只能有佛的足跡崇拜一類的儀式，而不會有佛像的崇拜。但我們覺得，西北印度從西元前4世紀末，就受到了馬其頓的亞歷山大的侵略並留下了一些希臘化的城市國家，而希臘的造像藝術不會經過三百年還不能刺激當地產生佛教造像藝術。無論如何，在迦膩色迦王時代（第1及2世紀之交）的錢幣上就有了佛陀的像。與此同時，在犍陀羅也出現了菩薩的造像。這與西元第1世紀時的大乘佛教及菩薩信仰的興起是緊密相關的。

　　與印度北部的佛教造像藝術興起的同時，考古材料也顯示出，同一時期的德干高原中部，在今天安德拉邦的阿摩羅婆提(Amaravati)一帶已經有了另一風格的佛教造像藝術。實際上當第2世紀初期時，那裡似乎還只是崇拜佛的足跡之類，但不到一百年，也就是西元2世紀末，阿摩羅婆提便已然出現

了造型精美的佛像。這樣的佛教藝術已經開始隨海上的貿易通道流向了遠在南端的斯里蘭卡島，甚至更遠些，經孟加拉灣而傳到了東邊的緬甸或者泰國西南部的孟人生活地區。

　　佛教在印度各地的發展也得益於印度社會的農業、手工業、商業的發展。在王家勢力的支持下，大量的錢財傾注到佛教僧伽團體中來。出家的比丘們現在再不像佛陀時代或者佛陀入滅後百年中的佛教僧伽，只能過一種類似頭陀苦行的生活。佛教得到了在家居士長老們和皇室貴戚的支持，有的大寺院甚至可以靠布施的土地或皇家賞賜的食邑生存，僧人們現在過著富足生活，不愁衣食，潛心修行，或鑽研經論，或努力修禪。但佛教正是從此時出現了偏差，它不知不覺中脫離了社會上的大眾生活。當僧侶們把自己隔絕在寺院內部時，也許可以產生出高深的經院哲學來，但它也失去了對社會的關懷，最終也就失掉了民眾的支持。但佛教的義理在發展和深化或者分化，這就形成了不同的部派。按北傳佛教的說法，迦膩色迦王曾經組織了第四次佛教結集大會。這次大會本身標誌著佛教正式分裂為大乘佛教與小乘佛教兩支。

　　西元3世紀時貴霜王朝已經開始衰落，到下一世紀，華氏城的君主把他的一個女兒嫁給了摩揭陀王。該王的國家以後憑藉這一政治聯姻而強大起來，最終它取代貴霜王朝而成立了笈多王朝。笈多王朝有一個經濟和政治的相對繁榮期。正是這一時期，成為了古代梵語文學的黃金時代。世界文化名人迦梨陀莎就生活在這一時代，他的著名作品，如《雲使》、

《莎恭達羅》都是不朽的藝術作品。佛教方面，我們知道的阿旃陀石窟也開鑿於笈多時代。石窟中的大量繪畫都刻意地表現了本生經中佛菩薩的前生故事。貴霜王朝的佛像雕塑藝術以馬土臘為其最典型的代表。它的藝術特點是佛像一律流露出內心深處的寧靜。正是在笈多王朝，當佛教一方面向著更成熟進一步發展時，傳統的婆羅門宗教開始復興，其信仰主義和祭祀主義一步步地熾盛起來。從這一時期到達印度的中國僧人如玄奘等人的旅行筆記來看，佛教在印度已經現出衰敗之相。佛教一方面向印度教的密教傾向妥協，吸收了越來越多的密教作法儀式，它同印度教密教的界線也越來越模糊起來。

　　正當佛教作為整體在印度本土走向沒落時，它其中的一個支派——上座部佛教——早就攜帶著先進的印度文化，跨海越洋、翻山逾嶺，分水陸兩路傳入了南面的斯里蘭卡和東面的緬甸。佛教的弘法比丘們不畏艱險，又從那裡將佛陀的教說進一步傳到東南亞腹地。早在西元2、3世紀，已在東南亞落地生根的佛教——它倒不一定就是上座部的——就經海路越過南中國海而傳到了南中國的交趾或廣州一帶。而在4、5世紀時，南中國已經有了佛教傳入的確鑿證據。

# 第二章

# 上座部佛教來到斯里蘭卡

從10世紀開始，
因為佛教已經在印度本土衰落了，
斯里蘭卡成為上座部佛教的復興中心。
佛教復興的結果形成了統一的政治宗教形態，
這就是以國王為護法者，
而全國僧伽統一在上座部制度下的佛教。

　　依據我們前面說過的泰國《玉佛傳》，當翡翠玉佛在天界造好後，它最先給送回了龍軍長老所在的摩揭陀國的王都華氏城。但過了一些年，摩揭陀國出現戰亂，戰火一直蔓延到了華氏城來。為了玉佛的安全，當時的摩揭陀王便想到了他的好友——楞伽島上的國王，當時的楞伽島已經有了正信的佛法，因此那裡是寄放玉佛最理想的地方。摩揭陀王派人把玉佛送到了楞伽島，並同他的朋友商量好，一旦摩揭陀的戰事停止，國內實現和平以後，他就會派人去把玉佛接回華氏城來。想必玉佛到了斯里蘭卡之後，就安放在楞伽島上的王都阿魯拉達普羅的梅伽吉利寺(Meghagiri)——該寺之所以有名，據說當初佛陀到達楞伽島時在那裡舉行過祈雨的儀式。不管怎麼說，翡翠玉佛到了楞伽島以後，過了二百年還沒有給送回來。這一期間，佛教在楞伽島上已經有了進一步的發展。

　　《玉佛傳》說，到了西元457年，翡翠玉佛的命運又有了新的變化。這一年，遠在印度東邊的緬甸那邊，有一位護法的君主叫阿律奴陀的在統治著❶。實際上，我們知道阿律奴

---

❶　《玉佛傳》看來是晚近的作品，其中充滿了傳說、神話，而且往往與捕風捉影得來的史實糾纏在一起。本書只想把《玉佛傳》作為一個敘事的線索，並不一定就相信它在書中講到的所有故事。本書的這個敘述方法，受到了一部英文出版物的啟發。這是一部牛津大學出版社出版的叫做《玉佛之旅》的書。英文名為*Image of Asia: Votage of the Emerald Buddha*, by Karen Schur Narula, Oxford University Press, 1994. 筆者在敘述南傳佛教時的時間脈絡主要依據《玉佛傳》的次第，並盡可能

陀是12世紀時的緬甸蒲甘的國王,而並非像《玉佛傳》說的,
把他的生期提早了700多年。

　　還是先把故事說下去吧。一天,阿律奴陀在宮中接待了
蒲甘城最有學問的僧人叫尸羅旃陀(Silachadha)的。這位僧人
對國王抱怨說緬甸本國的佛教三藏還不完備,尤其是佛教的
論藏,還有好多理論上講不清楚的地方。解決的辦法只有一
個:派人往楞伽島的大寺去取當初佛音長老留下來的注疏本,
用佛音的見解,就可以糾正緬甸佛學界的錯誤,從而使正法
得到發揚。阿律奴陀王既然是護持正法的君主,也就對尸羅
旃陀長老的話深以為然。他下令準備一艘大船,讓長老帶著
另外七名德高望重的飽學比丘和另外兩名王家使臣到斯里蘭
卡去迎取佛教論藏。當使船出發以後,有神通力的阿律奴陀
王也就駕著雲頭從蒲甘飛往楞伽島。他竟然與那艘出使的大
船同一時刻到達斯里蘭卡!

　　按照《玉佛傳》的說法,這尊高貴的佛像是在貴霜王朝
衰落以後,笈多王朝剛興起之前的這段期間離開摩揭陀國到
達楞伽島的。我們考慮的是故事的背景:為什麼玉佛要選擇
遠離摩揭陀國差不多千里之外的斯里蘭卡作為落腳點呢?我
們從中看到:至少當時的北印度和中印度都已經非常熟悉師
子國——這是楞伽島的又一名稱——了。事實上,早在此前
1000多年,印度次大陸的雅利安人也就開始渡海來到錫蘭島
了。依據西元1、2世紀時出現的《彌蘭陀王問經》,還在這個

_____

通過現代南傳佛教史研究的成果來隨時澄清或訂正其中的傳說。

時代之前，印度的商船就有往西越過阿拉伯海到達埃及的，也有往東達到所謂的「金地(Suvarnabhumi)」或「金島(Suvar-nadvipa)」的；「金地」指的就是緬甸或泰國南部，「金島」指的是馬來半島甚至更東邊的什麼地方；因此，往斯里蘭卡去的海上通道，早就不成問題了。印度的著名史詩《羅摩衍那》中曾經講到那位悉達公主。史詩中說到她出發到遠方去時，就描述了一條路線：坐船從恆河口的占婆出發，沿東海岸航行，到達南印度的阿摩羅婆提，進而再到楞伽島的海路。我們中國的取經僧人玄奘在7世紀來到印度時，他也已經知道了這條從恆河河口出發往東的航線，也知道了遠在大海那一端的下緬甸的卑謬國——玄奘管它叫室利差旦羅國。稍晚一些到達印度的義淨就更加熟悉這條海上航線了。

按照最早的斯里蘭卡編年史《大史》，大約西元前5世紀時，印度萬伽國(Vanga)毗闍耶(Vijaya)王子在佛入滅的那一年，就率領他的族人來到了楞伽島。這算是雅利安人正式移民島上的記錄。當然印度次大陸與斯里蘭卡的經濟文化聯繫還可以遠推至此前。舉例說，傳說中，佛陀在世時就到過斯里蘭卡三次。而且佛陀本人在入滅之前還特別地請求天神護持楞伽島的佛法。我們知道，當雅利安人來到斯里蘭卡以後，他們帶來了婆羅門教的文化成分，也帶來了佛教的信仰。而最終以佛教為主體的印度文明同斯里蘭卡的土著文化結合起來，形成了今天的僧伽羅文化。

然而，說到佛教正式傳入斯里蘭卡，按僧伽羅人的《大

史》的歷史記載，佛教之所以在斯里蘭卡紮根，是因為阿育
王的兒子同其他六個僧人一同到達該島並在那裡弘法。這些
來自印度孔雀王朝的佛教使臣勸化了提婆南皮耶帝沙王和他
周圍的大臣。在該王統治期間，斯里蘭卡島上的大寺確立了
它的佛教統治地位，成為了僧伽羅佛教的正統中心。帝沙王
死後(207 BC)的一段時間，直到杜達伽摩尼王(101-77 BC)時
代，整個斯里蘭卡完全淪為了南印度攻掠的對象。杜達伽摩
尼本人據說就是帝沙王的後裔，在他的領導下斯里蘭卡人推
翻了不信佛法的印度暴君伊拉羅(Elara)的統治。

　　不過佛教第一次來到楞伽島時，它已經不再是佛陀最初
宣講的原始佛教教義了。一般認為阿育王的兒子摩哂陀從中
印度帶來的是部派分裂後形成的上座部佛教。這樣，我們就
有必要交代一下佛滅以後，佛教僧伽內部發生的變化和不同
部派的產生。

# 一、佛教的部派分裂

　　西元前6世紀下半葉，伊朗的波斯帝國正值強盛時期。大
流士統治時（前521-486），波斯的勢力一度擴張到印度河流
域的犍陀羅、俾路支和印度河流域。以後約300年間西北印度
的印度河上游成了古代波斯文化、希臘文化和印度文化的交
匯地。到西元前327年，馬其頓的亞歷山大的軍隊侵入次大陸

西北部，但他在前325年便撤出了旁遮普地區，希臘文化由此滲入西北印度。這是前面已經說過了的。亞歷山大撤走後，一番動盪之後出現了旃陀羅笈多（月護王）的政權。他在前324年稱王。然後進軍恆河流域，推翻了那裡的難陀王朝，定都華氏城（今巴特那），建立了孔雀王朝（西元前324–187）。到他的孫子阿育王統治時期（約前269–236），孔雀王朝達到了極盛，完成印度的統一。阿育王晚年則皈依佛教，大力支持佛教的發展，使佛教走出印度次大陸，走向世界。他本人被佛教徒稱頌為「轉輪聖王」，成為了以後整個佛教歷史上最光輝的護法君主的典範。

　　孔雀王朝在阿育王死後開始衰微，　西元前187年左右覆國。北印度從此處於分裂狀態，直到西元320年笈多帝國的建立。孔雀王朝之後的巽伽王朝（西元前187–175）曾毀佛滅法，佛教勢力受到嚴重打擊，僧侶紛紛避難逃往西北印度或南印度。佛教也因而轉移到了後面兩個地區。但西北印度在西元前後也經歷了巨大的變化。中亞的大月氏游牧部落受匈奴的壓迫而往印度河流域遷徙。到西元1世紀或稍晚一點，大月氏中的貴霜部落統一了北印度。貴霜王朝的迦膩色迦王也是有名的護持佛法的君主，這就給佛教的發展帶來了新的契機。

　　佛教僧團的分裂和發展就是在這樣一個特殊的歷史背景下完成的。早在佛陀在世時，佛教內部就出現了分裂。傳說佛陀堂弟調達（調婆達多、提婆達多）就公然提出異端見解，分裂僧團組織❷。佛陀對於調達進行了批判，調達不服，便

率五百比丘另立僧團，與佛陀分庭抗禮。這個故事本身真實與否或在多大程度上真實姑且不論，可以由此判斷，佛還在世時，佛教內部就有了意見的分歧甚至僧伽的分裂。佛陀逝世以後，僧侶間的意見分歧愈益嚴重，因此，到阿育王時，佛教已經有了兩次結集。阿育王舉行過第三次結集。所謂結集，意思是全體僧眾集中起來共同會誦經典，達到共識，消除異端見解。

佛陀一生的教誡，本無文字記錄，哪些是由他直接口述的，屬於他本人的思想，除了「如是我聞」的開場白，已經不可能用別的辦法來加以考證。而通過他的弟子背誦記憶、口耳相傳下來的經典，分量相當大。後來的學者甚至有認為這其中含有不少弟子們自己的創作而借佛的名義公之於眾的。結集活動就是先把這些以佛陀名義流傳的教誡彙集起來，經過比丘大會共同協商，看哪些可以為全體僧眾一致認可，再確認其成為正式的經典。

關於結集的細節描述，南傳和北傳的敘述稍有不同。據南傳材料，第一次結集是在佛滅後第一年的雨季，由佛陀弟子大迦葉召集主持，五百比丘參加，在王舍城的七葉窟舉行，

---

❷　他的主張有五點，其核心是「比丘盡壽在阿蘭若處住」，比丘應該行「頭陀法」苦行。僧眾只能持缽乞食，不得到施主家中就餐或自作餐；只能露天住宿，不得居住房舍；只能素食，不得茹葷；只能著糞掃衣（墳間拾來的破布縫製的僧衣），不得接受布施的衣服。佛陀對此持「分別說」，認為所有這些要具體分析，不可簡單一概而論。

阿闍世王提供一切費用。這次結集，歷時七個月，阿難受命誦出諸經（「修多羅」或「法藏」），優波離誦出戒律。據說，「律」的基本結構，包括戒律的性質、條款、制律的緣起等，都已基本成型；而「經」作（見《善見律毗婆沙》）為「阿含」的形式，分作五種，也大體固定下來。

　　佛陀逝世一百多年以後，由耶舍召集七百僧侶在吠舍離城舉行第二次結集，再次統一經與律，但重心則是確認戒律的內容。據南傳上座部的傳說，結集的結果，是以耶舍為首的摩偷羅（今馬土臘）西方僧侶確定「十非法事」，宣布接受金銀布施、儲存多餘食品等違背舊律者為非法；東方的跋耆國比丘則公然主張向施主索取錢財，以便僧眾購置衣物。支持耶舍的是少數，但是「上座」地位高，所以強行通過了「十非法事」。跋耆比丘是多數派，反對這一決議，遂另組織上萬人的「大結集」，承認十事合法。早期佛教由此開始分裂為「上座」（長老）和「大眾」（多數）兩部。而按漢譯《摩訶僧祇律》（大眾律），佛在結戒時，一方面按「少欲知足」的原則，嚴禁「邪命」求食蓄財。不過在特殊情況下，佛是允許僧侶接受金銀財物，甚至可以進入市場貿易獲利的。而是否允許僧侶積蓄食物和財物，正是前面提及的佛陀與提婆達多分歧的繼續。這關係到僧伽和佛教以後的發展方向。

　　按照說一切有部的《異部宗輪論》的說法，認為佛教的第二次分派，並不是因為佛教戒律的寬泛或者嚴格，而是出於如何確定佛教修行者的階位或印證他的宗教體驗。這就是

人們常說的「大天五事」。大天認為阿羅漢還有生理本能欲望，對佛教不能絕對奉行，有時他還需要師長的指點和引導。依大天，早期佛教的最高果位還不夠究竟，他的目的是要宣揚佛菩薩的地位。大天一派形成「大眾部」的核心，與大天意見對立的一派就是「上座部」了。

南傳佛史資料還記載說❸，到阿育王時，又舉行了第三次結集，地點在華氏城。以國師目犍連子帝須為首，有一千名比丘參加。當時，阿育王確定了用湯藥、飲食、衣服、臥具等四事供養比丘的原則，大力支持佛教的發展。「外道」梵志為追求「利養」，也趁機混入佛教僧伽，並且以邪法教化世人，使得佛法極大地受到汙染，亟待純潔化。這次佛教結集，是為了剔除摻雜進佛教的外道教義，整理經、律、論三藏。但這一次結集，北傳佛教的史料卻看不出來，一般認為這只是上座部方面的結集。從《善見律毗婆沙》看，此次結集有許多重要內容，如國王要極大供養佛法；佛徒中多有剎帝利出家者，是佛法興隆的標誌。不論貧富，生子必須出家，始得入於佛法。這些內容，正是南傳佛教具有的特點。

我們的故事又從這裡接著往下說了。第三次結集以後，阿育王便支持了向四方派遣弘揚佛教的使團。派往師子國（斯里蘭卡）傳教的法師，是阿育王的兒子或者弟弟──摩哂陀。他是目犍連子帝須的弟子。

佛教的結集意味著佛教在理論上的發展，也預示了僧伽

---

❸　出自《善見律毗婆沙》。

在此前的分裂。佛教是社會中的宗教，儘管它一開始提倡遺世修行，但為了得到供養、為了爭取更多的信眾，它不能不對現實的社會隨時作出回應，在這一過程當中也就不能不隨時調整自己的僧團內部的紀律規定，甚至修改或發展關於解脫的理論表述方式。對新的理論問題和宗教問題，不斷作出解釋，滿足社會需要，最終也就通過僧伽內部的價值標準的改變，而改造了僧伽結構，導致了不同部派的出現。由於古代印度社會發展的不平衡，各個地區不僅政治、經濟上差異極大；民族習俗、文化傾向也有很大不同，再加上社會等級制度的變化，更加深了社會差異的複雜性。佛教每當傳播至一個新的民族或地區，就必然吸收該民族和地區的特色。隨其傳播範圍愈廣，其內容愈豐富，佛教就愈加呈現出不同的風格與色彩來。

佛教的分裂，從上座部和大眾部分派開始，又經過300多年的發展，到大月氏貴霜王朝的建立（1世紀中葉），形成了很多獨立的派別，佛史一般稱為部派時期。關於各分派分出的次序、名稱、時間、數目和原因，南北傳佛教各有說法。僅已知的部派名稱就有40多個，資料可以證明的約為25個。通常我們稱為「十八部派」，但漢譯的《異部宗輪論》上說有20個部派。所有這些部派都是從最為基本的「上座部」和「大眾部」多次分裂出來後形成的。今天東南亞地區流傳的南傳佛教主要是上座部佛教，而上座部佛教通常被認為是最為接近佛陀的原初教誨的佛教體系。

# 二、斯里蘭卡大乘思想的發展

　　部派佛教的發展也造成了社會中居士信眾的分裂。一部
分徒眾，也愈益在向世俗的社會生活靠攏。他們並不樂意接
受完全出世的修行傾向。部分僧伽成員傾向於接納在俗居家
的男女為信徒，同時積極參與或干預社會現實生活，力圖使
自己的觀點能夠為更多的群眾接受。這種思潮，從西元前1世
紀到第3世紀，在南方的案達羅王朝，在北方的貴霜王朝，以
及恆河平原上的吠舍離等地，紛紛湧現出來，與維護早期佛
教教義的教派形成明顯的對立。這種思潮逐步成熟，往往自
稱「方廣」、「方等」或「大乘」，以後就彙集成了統稱「大乘
佛教」的教派。

　　繼孔雀王朝而興起的巽伽王朝（約前2世紀到前1世紀上
半葉），疆土向北邊曾抵達錫亞爾利特，南面則達到納爾巴達
河，成了恆河流域最強大的奴隸制王朝。但是巽伽王朝的君
主不同於以往的護持佛教的統治者，他們好像是非常虔誠的
印度教徒，也就免不了會對以往的佛教有所排斥以致害。於
是佛教便開始向南北兩方發展，往西北印度和南印度另外尋
求生存空間。

　　西元前1世紀中，一直在東南戈達瓦里河與克里希納河生
活的案達羅人，建立了娑多婆漢那王朝（亦稱案達羅王朝）。

它消滅了已經衰弱的巽伽王朝，把自己的統治區域向北推進到馬爾瓦，向南抵達卡納拉，東西兩面臨海，它的勢力一度擴張，控制了整個德干高原，可以稱得上富足繁榮，但它的生命期似乎太短，到西元3世紀以後它已經不復存在了。案達羅的南面，一直有一些小國，它們是今日泰米爾人的祖先，其中有三個小國都同斯里蘭卡有不解之緣，不斷地侵擾信奉佛法的楞伽島。其中的侏羅國（即注輦國），在西元前2世紀曾兩次侵占錫蘭島的北半部；潘迪亞國善於經商，重視學術，前1世紀曾遣使往羅馬帝國。它也進攻過楞伽島。娑多婆漢那王朝主要信奉婆羅門教，但它也容許佛教自由傳播。當時南印度的諸小國其實也都寬容佛教的生存。這樣，佛教在恆河以南地區也得以不絕如縷地保持下去，並在恆河流域也恢復了一定活力；在南印度，佛教與海外的思想文化，尤其是與斯里蘭卡的宗教思想來往交流，也得到了前所未有的發展。這一時期的佛教已經不僅僅止於在社會上層，在宮廷中或達官貴戚中謀求支持者，它把自己的目光轉向了社會上隨商業繁榮而成長起來的長者居士，在古代社會的中產階級中尋求保護，商人和手工業者都成為了新的佛教信仰的堅定信徒。

　　案達羅地區本來是大眾部大天系統（制多山部）的活動基地。他們對「制多」的崇拜，向民間推動了建塔和供養塔的群眾性信仰；大眾部一般地貶低阿羅漢，神化佛陀，又大大提高了以救度眾生為己任的菩薩的地位。此後，這一部派內部的思想仍然十分活躍，在分出東山部和西山部之後，又

分出王山部和義成部。

案達羅是大乘中觀派創始人龍樹的故鄉，他生於此，死於此，思想影響非常久遠。但關於案達羅整個佛教背景，現今所知甚少。《大方等無想經》（卷六）說，佛滅後七百年，南天竺有一小國，名「無明」，其城曰「熟谷」，其王名「等乘」。王死之後，王女增長嗣位，威伏天下，支持佛教，摧伏邪見，遍閻浮提起七寶塔，供養佛舍利。據考證，「無明」是案達羅的誤譯，「熟谷」指克里希那河南岸的馱那羯磔國，「等乘」則是娑多婆漢那的意譯。增長女王在娑多婆漢那王朝昌盛時期當權，確有其人。說她特別提倡建造佛塔，與那裡流行制多崇拜完全一致。

再從漢文方面的史料我們可以猜測此一時代的南印度佛教大勢。三國吳時的康僧會，其家世居天竺，3世紀中他有東吳的都城建業譯出了《六度集經》。此經借用寓言故事，依「六度」次第將菩薩修行的道路加以綜合，它的一些主要篇章，也可見於4世紀時編輯而成的巴利聖典《小部‧本生經》中。《六度集經》反映的就是當時南印佛教的狀況，其時正值娑多婆漢那王朝統治。就思想內容言，不論是「六度」還是「本生」，都突出了一個主題，即佛菩薩對於人世的關心，對於世俗社會的重視，它的用意在強調佛教徒憑著慈愍眾生的精神，義無反顧地通過服務眾生而最終尋得自己的解脫。這樣的思想傾向自然是屬於大乘利他行的。就這樣，人們認為，南印度在娑多婆漢那王朝時期，其大乘佛教已經有了相當廣泛的

群眾基礎，為人們所十分熟悉了。這當然會影響到與它有一水之隔的錫蘭島。

案達羅佛教向南傳進錫蘭島，成了古代斯里蘭卡佛教的一個重要來源。西元前1世紀之初，在伐陀迦摩尼王（前101-前77）率領錫蘭人驅逐了入侵島上的侏羅人。戰爭當中，也得到了佛教僧伽的支持。侏羅人信奉婆羅門教，同佛教徒在信仰上本來是對立的，加上民族間的戰爭，把宗教對立推上極端尖銳的程度。相傳伐陀迦摩尼王獲勝以後，曾因為戰爭殺人數千有違佛教教義而深表悔恨。但一個已得羅漢果的僧人勸他不必如此，因為所殺實際只有一個半人：一個是皈依三寶的佛徒，半個是持五戒的人，其餘都是「邪見者」，與禽獸無異，殺之無罪。這樣，一貫主張不殺生的宗教在特殊的歷史條件下，借助民族主義而成為了戰鬥精神的源泉，這裡再次表現出大乘思想的圓融和不拘一格。據說，佛滅七百年後出現的《大般涅槃經》，其中也反映南天竺的一些社會現實，而且也發揮過類似的激進思想觀點。

斯里蘭卡佛教中的大乘傾向，起源於無畏山寺部。西元前43年，錫蘭國內的叛亂和泰米爾人的再度入侵，造成人民巨大痛苦，著名的大寺完全荒蕪了，一些僧侶再度捲入愛國鬥爭的行列。西元前29年，伐陀迦摩尼·阿巴耶王（前47-前17）恢復了僧伽羅人的國家，為了報答一位摩訶帝沙長老在他失國期間對他的幫助，該王摧毀了一座耆那教寺廟，在廢墟上建造了無畏山寺，由這位摩訶帝沙主持。無畏山寺受到

南印度大眾部案達羅派的影響。案達羅派的基地在制多山，它承認大天五事的原則。西元前1世紀後半葉，無畏山寺與大寺形成對立。據說，摩訶帝沙所持的觀點與大寺上座部方面不同，前者接受的是跋耆子的新見解。跋耆子就是當初在印度部派根本分裂時，主張大眾部議論的跋耆比丘，他曾公然對佛教的居士們宣稱，就是應該向僧人施捨金錢。他又貶低阿羅漢的修行階次，認為做了羅漢也有可能倒退變質。他在教義上提倡有「常我」存在。無畏山部也稱為法喜部；在4世紀初，以薩迦利長老為首，從無畏山部中分出了祇陀林寺部（南寺部）。這樣，大寺、無畏山、祇陀林就成了斯里蘭卡佛教的三大派別。上座部系統的大寺是全國佛教的領導中心，他們以摩訶帝沙時常往來於俗人家中，違犯戒條為由，將他「擯出僧伽」，褫奪僧籍。摩訶帝沙的弟子反對大寺僧團的判決，也被加上「袒護不清淨者」的罪名，給以同樣處分。相當數量的比丘，投到了無畏山寺。大寺的權威地位受到了挑戰，無畏山寺成了與大寺對立的教派。與摩訶帝沙長老為同道的還有印度來的僧人法喜。法喜部即因他得名。法喜是意譯，音譯為達磨流支，它屬於犢子部上座及其弟子一流的見解。因為與帝沙長老同聲相求，法喜部也就住進無畏山寺，由此形成了無畏山的達磨流支派。據此，無畏山寺部的思想，被大寺上座部視作外道邪說。

　　無畏山寺與大寺的分歧，大致集中在兩個問題上。按照正統的佛教戒律，比丘不應該親近國王、王子、大臣及諸女

人，也不應出入世俗人家，大寺派正是引用這類戒條指責無畏山派的。大乘普遍認為，這類規定，只是對背離佛教原則的比丘適用，但不能僵化；假若不能隨順世法，深入一切眾生，度脫他們，那將從根本上背離佛法，更不能容許。據此，無畏山長老的行為，同大乘的這一理論完全相應，而大寺派堅持的則是早期的正統戒條。其次，在教義上，犢子部提倡有勝義「補特伽羅」❹，曾為許多部派所接受，某些後出的大乘經典，更公然主張有「常我」存在，貶低早期佛教「無我」的學說，也是對「補特伽羅」說的發展。無畏山承認犢子部後學的思想，引起大寺正統派僧團的反對，是情理之中的事。

　　約在西元1世紀，案達羅地區還出現了叫做「方廣道人」的另一極端派別，他們倡導「一切法不生不滅，空無所有，譬如兔角龜毛常無」❺，號稱「方廣部」，亦曰「大空宗」，龍樹斥之為「惡趣空」。後來傳進錫蘭島，以無畏山為根據地，一度占有相當的優勢。他們主張，人界所見的佛陀及其一生行事，只是佛的變化示現，佛、佛所主法、佛接受布施等等，本質上空無所有。同樣，僧團也不是實體，供養僧團也不會得什麼福報。又據《論事》記載，方廣部還主張，在信仰和踐行一致的條件下，出家人可以結為夫婦。這些說法已經由

---

❹　補特伽羅，佛教名詞pudgalar音譯，意譯為「眾生」、「數取趣」，指「人格我」或「自我」。是佛教關於輪迴的理論中的主體。

❺　參見《大智度論》卷1。

強調空觀而走到了極端，在一定的意義上成為了一般佛教徒無法接受的邪說了。

# 三、南傳佛教與北傳佛教的理論差別

南傳佛教與北傳佛教的差別實際上也就是上座部佛教與北傳大乘佛教的差別。這裡我們先簡略地介紹兩大源流共通的佛教學說，也就是早期佛教的基本教義。然後大致地分說一下上座部與大眾部的分歧見解。

## ㈠原始佛教基本教義

**四諦說** 「四諦」是佛教各派共同承認的基礎教義，形成可能較早，相傳佛陀悟道的核心就是四諦，也是初轉法輪的根本內容。所謂「諦」，即「實在」或「真理」的意思，是印度哲學通用的概念。「四諦」亦稱「四聖諦」，意為「四條真理」，即苦、集、滅、道。四諦又分為兩部分，苦、集二諦說明人生的本質及其形成的原因；滅、道二諦指明人生解脫的歸宿和解脫之路。

什麼是「苦諦」？佛教認為，社會人生本質上就是「苦」。佛典上關於「苦」的分類很多，有四苦、五苦、八苦、九苦、

十一苦等。《增一阿含經・四諦品》中有一個代表性的說法：
比丘，何名為苦諦？所謂苦諦者，生苦、老苦、病苦、死苦、
憂悲惱苦、怨憎會苦、恩愛別離苦、所欲不得苦，取要言之，
五盛陰苦。是謂名為苦諦。

　　什麼是集諦？集諦意在說明諸苦和人生的原因。內容相
當豐富，大體可以「五陰聚合說」、「十二因緣說」和「業報
輪迴說」來概括。

　　什麼是滅諦？滅諦提出了佛教出世間的最高理想——「涅
槃」。「涅槃」是梵文的音譯，涅槃指熄滅一切「煩惱」，從而
超越時空、超越生死。《雜阿含經》（卷18）說：「貪欲永盡，
嗔恚永盡，愚癡永盡，一切煩惱永盡，是名涅槃。」涅槃是清
淨無生的絕對寂靜。

　　什為叫道諦？通向涅槃的全部修習方法和途徑，就叫做
「道諦」。簡言之，道諦指的是「八正道」，即：正見、正思、
正語、正業、正命、正精進、正念、正定，從身、口、意三
個方面規範佛徒的日常思想行為。再簡要一些，可以歸納為
戒、定、慧「三學」，或擴展為「三十七道品」。「戒」是用來
「制惡」的，是約束佛教徒的日常生活的紀律，擴展成為細
繁的規則就叫「律」。「定」或譯作「禪定」或「止」。從一般
意義說，「定」就是注意力集中；佛教也經常把定當作聚精會
神思考哲理、體驗真理和對治各種不良情緒的手段。禪定的
「禪」，以「離欲」為前提，以「心一境性」為共性，按照思
維活動的寧靜程度，和身心的感受程度，劃分為高下四等。

稱為四禪定。四禪之上，還有一種「四無色定」，所謂「空無邊處、識無邊處、無所有處、非想非非想處」。「四禪」與「四無色定」，總名「八等至」。達到這些禪定的人，死後可以分別生於「色界」諸天甚至「無色界」諸天。「色界」的根本特點是「無欲」，「無色界」的根本特點是沒有物質。

關於「三學」的最末一項「慧」，也是為了引向解脫。早期佛教多看重慧解脫。修「慧」往往被看作起決定作用的環節。「慧」或譯為「智」、「智慧」，實際所指，是考察人生和宇宙諸現象的一種特殊觀點和思維方法。「慧」的發生，主要依靠經文和師長的教導，通過禪定沉思獲得的。修慧是為了「斷惑」，即斷滅感召三界果報的所有原因。所謂「惑」，即煩惱，實際包含世間一切思想觀念、感情、欲望，一切認識活動，所以要想徹底剗除它們，必須幾經生死的艱難歷程才能實現。早期佛教依據斷滅三界「惑業」的程度和仍須繼續生死的處所、次數，設想出了四個階段，四種果報，通稱「道果」。得到這些道果的人，與凡人不同，被稱作聖賢或賢人。他們是須陀洹（預流）、斯陀含（一來）、阿那含（不還）和阿羅漢。阿羅漢（略稱羅漢），達到了「無餘涅槃」，是早期佛教修持者的最高果位。

**五蘊說**　五蘊說的目的在於說明苦諦的來由，達到否定人的自我人格意識，也就是說「無我」的境地。五陰聚合說宣稱，宇宙間一切事物和現象，都不是孤立的存在，而是由多種因素集合而成。「有情眾生」由「五陰」（也稱「五蘊」）

即色、受、想、行、識等五類現象合成。「色」，大致相當於物質概念。色包括四大（地、水、火、風）、由四大組成的感覺器官（眼耳鼻舌身）和感覺對象（色聲香味觸）等。「受」，指痛癢苦樂等的體驗、感受。「受陰」有三類：苦受、樂受和不苦不樂受。「想」，意指「取像」、「施設名言」，相當於語言概念的精神活動。「行」的定義是「造作」，特指思想中決定和支配人的行為的那些因素，如目的、籌劃、決斷、心理趨向、意志等。「識」的定義是「了別」，指一切認識活動賴以發生的精神主體，早期佛教分為六種，即具有見、聞、嗅、味、觸、思維作用的眼、耳、鼻、舌、身、意，通稱「六識」。五陰又叫作「名色」。「五陰」的理論，是為了引出因果報應和「人無我」的哲學結論。既然有情只是「五陰」的聚合，是多種因素的集合體，所以有情自身不是獨立永存的實體，沒有單獨的「自性」，此即謂之「人無我」。

　　**十二因緣說**　緣起說是佛教的獨創理論，用以解釋人生和社會之所以發生和變化，尤其說明人生痛苦的根源和解除痛苦的可能性。這一理論到大乘佛教時期得到了更充分的發展，成為不同宗派哲學體系的基礎。緣起說的基本意思是說，世界是普遍聯繫的，沒有孤立存在的現象；任何現象都處在生滅變化中，沒有永恆不變的事物。這些聯繫和變化，只有在一定條件下才能引起。這就叫「緣起」，緣就是條件。所謂「有因有緣集世間，有因有緣世間集；有因有緣滅世間，有因有緣世間滅」❻。在早期佛教學說中，「緣起」和「法」（佛

法）是一回事。所謂「若見緣起便見法，若見法便見緣起」❼。

十二因緣是用「緣起」說解釋人生本質及其流轉過程的，後人稱為「業感緣起」。因為是由十二個概念構成一個前後相續的因果鏈條，所以也叫做「十二支緣起」。這十二支是：老死、生、有、取、愛、受、觸、六入、名色、識、行、癡（無明）。這中間每一項都以後者為原因，即無明生出行，行生出識，識生名色等等。其根本目的在於說明：人生是無明驅使下的造作行為生成的根本錯誤。

**業報輪迴說** 由前面的十二因緣說，也就可以導出「業報輪迴」理論根據。人在世間的一切行為造作，都會留下影響力，這種影響力不會自然消失，它會在未來的某個時候以果報的形式顯露出來。這一影響力就叫做「業」。有情的一生行為，決定今世一生以至來世的情況，這就是因果報應。「業」是梵文的意譯，音譯「羯磨」，意思是「造作」。業分身（行動）、口（言語）、意（思想）三類，也就是人的一切身心活動。任何思想行為，都會給行為者本人帶來一定的後果，這後果叫做「報應」或「果報」。

按照善惡罪福的業報法則，有情流轉在「三界五道」中。「三界」是佛教根據禪修的程度和想像，對世俗世界的劃分，所謂欲界、色界和無色界；「五道」則是按照經驗和宗教傳說對世間「有情」類的劃分，所謂天（神）、人、畜牲、地獄、

---

❻ 《大正藏》卷2，第12頁下。

❼ 《中阿含經》卷30。

餓鬼。也有講六道的，即另增「阿修羅」一道。人的貧富壽夭，就是這種業報造成的。這樣，「業報」的宗教理論，就成了早期佛教的創世說，也成了解釋人生差別和社會不平等起源的學說。

## ㈡上座部與大眾部的教義分歧

早期佛教的分裂，直接表現在戒律寬嚴理解和持守上，同時也反映在對教義的不同解釋上。對教義的新解釋，影響更加深遠，往往由此發展成為獨具特點的理論體系。這裡據《異部宗輪論》等記述，著重從上座系和大眾系爭論的要點上，考察當時佛教在教理上的某些特點。

1.一切存在是「空」還是「有」呢？佛教的存在稱作「法」，梵文為dharma，巴利文為dhamma，音譯為達磨，是佛教名相中最為廣泛使用的，包容範圍最廣的範疇。一切存在的，能引生認識的事物和現象，都可稱之為「法」。人們常說的「五陰」、「十二處」、「十八界」、「三界」、「六道」之類都是「法」；佛所說的修行法當然也是「法」了。不同的佛教派別從哲學理論方面看，對於世間的存在之法如何分類，分為多少類，都有不同意見。尤其重要的是，他們對於法之是否成為實體，是否有實在性也有不同的看法，這就分裂成了不同的「部執」——各派不同的見解。例如對於成為主體的「我」或作為對象的「法」，有的佛教部派主張二者都是實有的，便如出自上

座部系的犢子部，以及犢子部下分出來的法上部、賢冑部、正量部、密林山部等，都持實有說。當然並非所有出自上座部系的部派都認為法我俱有。說一切有部出自上座系，它就認為主體之我是不實的，而世間五蘊等諸法是實在的。說一切有部這派的思想，後來發展成小乘中重視論著，又以實在論為核心的哲學體系。佛教分一切法為「有為法」和「無為法」兩大類。「有為法」指有「生、住、異、滅」變化的事物；沒有「生、住、異、滅」，不會變化的現象，叫「無為法」。大眾部認為（上座中的化地等派別也同意）無為法是永恆實在的，但出自上座部系的說一切有部認為「有為法」是否永遠實在要具體分析，過去已滅，未來未生，說不上是實在的，但現在的一剎那法，卻有法體存在，這叫「現在實有，過去未來非有實體」。至於大眾系的說出世部認為，世俗世界的一切存在都不真實，假有名稱而已。而相對立的出世間則是真實的、不虛的，這叫「俗妄真實」和「諸法俱名」。至於大眾系的一說部則在否定方向上走得更遠，他們認為，不但有為法的世俗世界不真實，就是無為法的出世間也不真實。這裡透出了後來大乘的更極端否定論傾向。

　　由這些爭論看，各個部派對於原始佛教義理的認識和發展都達到較高的水平，由此而形成了兩種基本傾向 —— 上座系各派大都偏重說「有」，大眾系各派則偏於說「空」。

　　2.佛教中的「自我」主體是不是實有？「諸法無我」是佛教區別於印度其他宗教的一個重要標誌。但若聯繫到業報輪

迴的教義，便出現了不易說通的問題。如果「自我」或「靈魂」不存在，靠什麼來轉世、來受報呢？於是就有了各種理論上的補救措施。先是上座系的犢子部提出「補特伽羅」這一概念。補特伽羅，又稱「數取趣」，指可以一再地成為轉世的主體，也就是前世轉後世、世間轉向出世間的聯繫者。恐怕還是指的靈魂，也就是變相的「我」。不過，犢子部的特別說法是，「補特伽羅」既不可說成即是五蘊，也不可說是離開五蘊，「即蘊」、「離蘊」均不可定說。一切有部在理論上對它堅決批駁，認為補特伽羅只是一種假名，並不真實。但有部也有一個叫「同隨得」的，其作用與「我」也無本質的差別。經量部針對有部的「假名補特伽羅」，提出「勝義補特伽羅」，還是要肯定轉世不可缺少的自我主體。「勝義」是真實的意思。此外，化地部立有「窮生死蘊」，南傳上座部成立「有分識」，大眾部立「根本識」等，都是要解決同樣的理論矛盾。

　　3.人的「本心」或「心性」從根本上說是不是清淨的？佛教的本心或心性聯繫到人的解脫的可能性有多少。如果本來心是淨的，則復歸於淨就有可能。如果從根本上說，人心就是染汙的，還有什麼修道，還有什麼出離呢？佛教說，染汙性質的、導致人們世世輪迴的「業」分為身、口、意三種。三業之中哪一個是更為根本的呢？大眾部系提出，是心業——「心者，自性清淨，客塵所汙」。意思是說，「心性」天然是清淨的，但由於受外在於心性的「客塵」煩擾染汙才變得不潔淨了，所以它造成人們輪迴世間。而通過修道，斷除煩惱，

就是要恢復本來清淨的心性。持有這種觀點的還有上座系的化地部，南方上座部也有類似觀點。同樣出自上座部系的說一切有部認為，貪嗔癡等是根本煩惱，也與「心」相應，隨心而行，這樣一來，「心性」也就不能說是本來清淨的了；只是解脫首先是心解脫，取決於心，心也有「離染」去垢的可能性。「雜染」與「離染」是心具有的兩種可能，修道就是去掉雜染心，轉成清淨心。

4. 修行者個人同佛、菩薩和阿羅漢有什麼區別？釋迦牟尼本人認為，他自己只是發現真理和傳播真理的導師。他要求弟子們信奉他的主張，效法他的行為。他雖有超人的神通，但他畢竟是人不是神。因此他在臨涅槃時告訴弟子們：一定要依「法」不依「人」。因為人會逝去的，「法」才能永恆。佛教分派之後，圍繞佛陀是人還是神這一問題，有過很不同的意見。在這一方面，南傳佛教是更為遵循佛陀的囑託的。上座系傾向把佛陀看作是歷史人物，認為佛陀的肉體是有限的，壽命有邊際。佛陀異於常人之處，主要在於他的思想偉大，精神純潔高尚，智慧深湛。化地部認為，佛陀仍在僧數中間，供養現在的僧人比供養死去的佛陀功德還大。法藏部則反對這種主張，認為佛陀雖是僧伽的一員，但如果布施佛，所獲的福果要大於布施僧伽所得。

據《異部宗輪論》看，大眾部各派都普遍地神化佛陀，認為佛陀完全是出世間的，他已經斷盡漏失，根絕煩惱。佛所發言無不如實，所化有情無不淨信。佛的色身、壽命和威

力都是無限的。佛陀沒有睡夢等缺陷，回答問題不假思維；
佛能夠以一剎那心知一切法，如是等等。世人見到的佛只是
佛身的一部分，而不是全部；世人以為佛用語言向他說法，
其實，佛常在定中，並不言說。佛陀的長相也不同於常人，
有「三十二大人相」，「八十種微妙好」等等。與此有關，此
時佛教徒對佛陀的生平也開始神化。他們認為，佛之所以成
為佛，是他累世修習的結果。佛在前世的修行，稱作菩薩行；
實踐菩薩行的人叫做菩薩。菩薩入胎作白象形，從其母的右
脅出生。菩薩作為佛的準備階段，也是神異的。大眾系推崇
菩薩，對整個佛教的發展有重大影響。大眾系認為，菩薩已
不起欲想，亦無恚怒嗔害之心。「為欲饒益有情」，菩薩自願
生於地獄等惡趣，且「隨意能往」。菩薩的這一基本品格，已
經孕育著大乘學說的主要點。相反，上座部系視佛陀為歷史
人物，它所強調的是阿羅漢的地位。佛只有一個或可數的幾
個，常人修習佛教的最高果位是阿羅漢。阿羅漢標誌著人的
最後解脫。從最後的解脫說，阿羅漢與佛是沒有差別的。但
像以大天為代表的大眾部認為，阿羅漢還有五種局限性，不
能說就與佛一樣了。

# 四、斯里蘭卡的上座部佛教

　　錫蘭人自己的《大史》說佛教之傳到楞伽島始於阿育王的弟弟或者兒子摩哂陀(Mahinda)。他率領一個傳法使團到了錫蘭，說服了島上的提婆南皮耶帝沙(Devanampiya Tissa)王接受了佛教。僧伽羅人自己說，佛陀還在世的時候就曾經三次到過楞伽島。《大史》記載，佛陀在楞伽島上降伏了兇惡的夜叉以及惡龍，又勸化了諸天，使自相爭鬥的龍族歸於和好。直到今天我們還可以在楞伽島的須摩南峰上看到佛陀留下的足跡，佛陀的佛髮舍利至今還供奉在那兒的佛塔裡。佛陀入滅後，到阿育王時代有百餘年間，佛教在此期間大大地發展了。

　　當然正式的佛教傳入時代我們還是以摩哂陀的傳法使團到達楞伽島為起點。西元前3世紀在孔雀王朝的首都華氏城舉行了由目犍連子帝須(Mogaliputta Tissa)長老主持的第三次結集大會。大會肯定了符合佛陀本懷的教義和紀律規定(戒律)，還從僧伽集團中驅逐了一部分懷有邪見而不肯改正的僧人。這次結集發生的時間約西元前247年。為了使正法久住於世，大會決定向四方八面派遣弘法使臣。弘法的使團分為九路：「末田地長老出發到罽賓和犍陀羅，摩訶提婆長老出發到摩醯娑末陀羅，勒棄多長老出發往婆那婆私；臾那國人達磨勒

棄多出發往阿波蘭多迦，磨訶達磨勒棄多出發往摩訶勒吒，摩訶勒棄多出發往臾那國，末示摩出發往雪山國，須那和鬱多羅出發往金地國，摩哂陀長老及其弟子伊提耶、鬱帝迦、參婆樓、跋陀沙羅一行五人出發往楞伽島。行前目犍連帝須長老囑咐彼等：爾等往風景殊勝的楞伽島弘法必得勝利。」❽

　　摩哂陀來到楞伽島後，成功地勸化了當時的錫蘭國王提婆南皮耶帝沙（即通常所說的天愛帝須），首先在阿魯拉達普羅(Anuradhapura)城建立大寺，授比丘戒。佛法到楞伽島成功立足以後，摩哂陀的妹妹僧伽蜜陀(Sanghamitra)也就應邀從摩揭陀來到錫蘭。除了經像法物，她還帶來了一枝菩提樹分枝。據說以往佛陀本人就曾在這棵樹下成道。這株珍貴的菩提樹後來又不斷分枝，被攜往錫蘭島上各處以至於遠至東南亞各地，在那裡種植並受世人崇奉。僧伽蜜陀的到來開創了斯里蘭卡古代最重要的比丘尼戒團，這一傳戒世系一直影響到中國的比丘僧團。提婆南皮耶帝沙王專門指定了一片王家林園給摩哂陀一行及他的弟子們居住，這就是大寺最早的前身。如果毗闍耶王子是僧伽羅人的祖先，提婆南皮耶帝沙便是僧伽羅佛教的確立者，而真正地將僧伽羅人與佛教結合起來，使世俗政治與佛教進一步結合起來的是西元前2世紀時的杜達伽摩尼王(Duttgagamani)。在他統治的時代，錫蘭島受到了南印度人的侵略。杜達伽摩尼以宗教為旗幟，領導僧伽羅人反抗外來的侵略者。在斯里蘭卡歷史上，第一次佛教與民

---

❽　《大史》XII：3–8。

族主義政治緊緊地捆在了一起。

　　到了西元第一千紀開始時，印度傳來的上座部佛教已經以它純正的佛教義理而聲名遠播。這一時期的斯里蘭卡雖然有了中央集權的國家，但政治中心也還主要在阿魯拉達普羅及附近的地區，整個斯里蘭卡島上的農村村社並未受到嚴酷的控制。也許僧伽羅人從印度學習而引進了修築水庫和水渠的技術，在當時的島上已經形成了發達的農田灌溉系統。水稻已經成為了重要的農作物，富足的稻米已經能夠保證社會的需求。它的寶石、珍珠甚至在阿拉伯世界都負有盛名。斯里蘭卡最早的佛教建築多半形成於杜達伽摩尼王時代，現今能夠看見的佛教寺院都是在這一時期修建起來的。最為氣勢宏大的是稍晚一些修建起來的，大約是西元三世紀後期的大軍王(Mahasena)時代。 直到今天我們還可以通過佛教建築的廢墟的巨大規模而懸想當時的輝煌。佛塔是最基本的建築，而隨它一道從印度傳來的佛教石雕藝術很地結合僧伽羅人的風格而發展起來。現在的佛教藝術明顯地具有南印度阿摩羅婆提的精神。但僧伽羅人工匠的創造性當然也在佛教雕刻方面得到了表現。今天我們在東南亞各地都能夠看到斯里蘭卡藝術風格的佛教，其中最為典型的便是本書中一再提到的翡翠玉佛這樣的「禪定佛」，佛像所取的結跏趺座的表現方式是斯里蘭卡造像法中特有的。

　　但是，印度來的上座部佛教隨著迅速的發展，其內部的教義和僧伽組織也就發生了變異以至分裂。西元1世紀的後半

期，錫蘭國王伐陀伽摩尼·阿巴耶(Vattagamani Abhaya)王統治的時代，所有的佛教經典被書寫下來，形成了最初的巴利文形式的佛教三藏。但這次佛教經典的整理本身，似乎表明大寺在此前已經喪失了對島上佛教的獨斷權。事實上正是瓦塔伽摩尼王建立了無畏山寺，那是斯里蘭卡大乘佛教運動的中心。無畏山寺具有鮮明的大乘佛教特點，因此，此時的錫蘭佛教出現了異端，僧伽內出現了對立的派別。最終，才不得不在王家的護持下舉行了一個宗教大會，重新以會誦形式來確定佛教的經藏和律藏，再以巴利語記錄下來。異端佛教運動（其實也就是同上座部相異的大乘佛教而已）在錫蘭一直有所發展，時間長達數百餘年，從中國方面的史料可以知道，這個佛教運動的傾向直到西元第一千紀結束時還存在於斯里蘭卡。錫蘭方面的材料說，到了大軍王(Mahasena, 276–303)時代，無畏山的運動得到該王的大力支持。而大軍王的兒子叫做室利·麥伽婆羅(Shri Meghavanna)，他統治期間佛陀的犬齒舍利被送到了楞伽島上。佛牙舍利供奉在無畏山寺，成為了錫蘭王家的鎮國之寶，供奉在錫蘭國王的王家寺院中。這樣，宗教的聖物也就取得了政治象徵的意義。

　　巴利語是印度的佛教聖典語言，起初它只是摩揭陀國的地方方言，由於原始佛教反對採用梵語來記錄佛陀及其弟子們的著述，因此，巴利語成為了佛教的專用語。巴利語的經典也就成了權威的佛教經典。到了西元4世紀左右，從北印度有一位偉大的僧人叫做佛音（Buddhagosa，也稱佛鳴或覺音）

的來到錫蘭島。佛音在大寺整理當時的佛教經典，並且還寫了一部極其重要的佛教論著，叫做《清淨道論》，這部書是對整個南傳佛教的上座部經典義理的消化總結。它是上座部佛學的概要性著作。佛音的作品此外還有一些，他依據僧伽羅人的佛典注疏，寫作了不少論著。

　　來自印度的上座部佛教在錫蘭發展壯大，大多數歷史時期都受到了國王們的尊奉。從西元前3世紀至今天，佛法固然也有衰敗凌夷的時候，但它一直在楞伽島上保存下來。每一朝國王為了祈福都會宣傳正法，起寺造塔。也會以護法者的身分，出面干預佛教僧伽的紀律整肅，清除不法的僧人，解決僧團內部的爭端。簡言之，從1世紀到10世紀，斯里蘭卡島上的宗教不僅有上座部佛教，也有印度教、大乘佛教，甚至還有密教。從10世紀開始，因為佛教已經在印度本土衰落了，斯里蘭卡成為了上座部佛教的復興中心。佛教復興的結果形成了統一的政治宗教形態，這就是以國王為護法者，而全國僧伽統一在上座部制度下的佛教。這一新的佛教形態很快地由斯里蘭卡傳向了東南亞地區，上座部佛教逐步取代了那裡原有的其他佛教形態。任何人要想成為錫蘭的統治者，都必須想方設法獲得對於佛牙舍利的監護權。我們所說的翡翠玉佛似乎不見於斯里蘭卡方面的記載，因此我們只好一再地援引泰國方面的《玉佛傳》了。

　　當玉佛因為印度摩揭陀國的內亂而渡海來到楞伽島後，很快這裡的僧伽羅人之間也暴發了內部的爭鬥。到了西元5、

6世紀時，當摩伽拉蘭王統治時，僧伽羅人為了政治鬥爭的需要從南印度請來泰米爾人的雇傭軍。以後的許多世紀當中，南印度的泰米爾人便借軍事力量不斷入侵錫蘭。錫蘭史上不絕於書的南印度人的侵擾就與西元第一千紀時的印度國家像潘迪亞(Pandya)、波羅婆(Pallava)和朱拉(Chola)往往相關。當歷史進入西元第二個千年時，斯里蘭卡受到了有史以來最為嚴重的南印度人入侵。 一個叫做 「王中大王(Rajaraja the Great)」的侏羅人率領軍隊渡海占領了楞伽島。他攻陷並放棄了原來的王都阿魯拉達普羅，而遷移到了波羅納努瓦(Polonnaruva)。到了12世紀，毗伽耶巴護王一世(Vijayabahu I, 1070–1110)領導人民驅逐了侏羅人，恢復了僧伽羅國家。該王以及他的繼承人巴羅伽馬巴護王一世(Parakramabahu I, 1153–1186)致力於國家傳統的恢復， 佛教被抬高到前所未有的高度。因為國中當時已經沒有足數的僧人可以為僧伽羅人授戒，楞伽島派出了求法的僧人使團，渡海到東面的緬甸去延請僧人來為自己授戒，使佛法繼續下去。為了向當時緬甸的阿律奴陀王表示友好，《玉佛傳》說，楞伽島上的君主給緬甸王送來了翡翠玉佛。於是我們的故事也就從錫蘭轉到了緬甸。

到了近代，斯里蘭卡成為了西方殖民主義的犧牲品，數百年間先後淪為葡萄牙人(1505–1658)、荷蘭人(1658–1796)和英國人(1796–1947)的殖民地。佛教在吉提室利羅闍辛哈王(Kittisiri Rajasiha, 1747–1781)時， 上座部佛教的傳統又一次得到更新。當時國內的佛教凌夷，甚至傳戒體系都不能維持，

結果這一次從泰國延請了僧人到楞伽島傳戒，形成了所謂暹羅派。

　　今天斯里蘭卡的佛教僧伽有三個系統：一是暹羅派，創立於18世紀，源於泰國。它立場一般比較保守，寺院都很富有，只接收高種姓的戈因伽瑪種姓(Goyigama)出家；一是阿摩羅婆羅(Amarapura)派，創立於19世紀，它主要接收低種姓出身的出家人，源自下緬甸；第三支是從暹羅派中分裂出來的改革派，稱為羅曼那派。此外在居士群中間還有一些改革的團體。

# 第三章

# 東南亞的上座部佛教

一尊玉佛在東南亞的歷史旅行，
象徵了南傳佛教從印度次大陸向東南亞
傳播的過程。
既表徵了宗教與中世紀南亞和東南亞政治的
不可分離的關係，
也表徵了宗教與世俗社會的深刻聯繫。

# 一、緬甸的南傳佛教

　　依據泰國的《玉佛傳》，阿律奴陀的國師，那位叫做尸羅旃陀(Silakhandha)的率使團到了楞伽島以後，就他在研究佛教論藏時弄不明白的地方，一一請教了錫蘭的碩學大德，又搜求一批經典準備回國。尤其令楞伽島的和尚們高興的是，這些從蒲甘來取經的僧人們提出要依大寺的軌儀重新受戒。一切如願以償之後，蒲甘使團的船舶終於離開了錫蘭的港口。但不知是什麼原因，那艘運載玉佛的船卻沒有到達緬甸。

　　稍後我們再來說那艘船漂到哪裡去了。先介紹一下當時緬甸與斯里蘭卡的佛教聯繫情況。緬甸人自古以來就認為他們的宗教信仰與錫蘭島有著深刻的關係。按緬甸人自己的說法❶，錫蘭佛教史上最有名的佛音論師並不是北印度的人，而是緬甸人，他在斯里蘭卡學習研究並為上座部佛教做出重大貢獻以後，在西元403年攜帶著大批的佛教經像渡海回到了家鄉。這裡我們又要聲明一句，按照現代學者們的一般意見，緬甸現在的上座部佛教與斯里蘭卡的直接關係不會早於西元11世紀。如果以佛音論師作為依據，就太早了一點。

　　當然緬甸的佛教並不是11世紀才開始的。但據中國史料，至少在西元前2世紀末，最古老的驃國就已經存在了。正是在

---

❶　出自相當晚出的《琉璃宮史》。該書約為18世紀時編寫。

那個時代，東南亞的孟人到了湄南河流域，而從西藏高原東南坡遷徙下來的藏緬人部落也進入了上緬甸地區。他們是驃(Pyu)人的祖先。有學者說驃人還是後來緬人的祖先。阿育王時代，驃人已經在太公城建立了城市國家，到西元之初，驃人部落便在今日的卑謬附近建立了室利差旦羅國(Sriksetra)，由於當時伊洛瓦底江的沖積三角洲還未形成，室利差旦羅還是海港城市。考古發掘顯示，古代曾有一條由伊洛瓦底江南下至室利差旦羅再經海路到達東印度科羅曼德爾海岸的中印文化通道。西元5世紀時，室利差旦羅已經成為了佛教國家。7世紀時，中國求法僧人玄奘和義淨也都曾提到過這個國家，說那裡的人民「敬重三寶」❷。考古發掘的資料顯示，室利察旦羅的佛教不會早於西元前。驃人信奉佛教的最早證據，仍然只能以發現的古代卑謬殘片為據，但它的年代被判定為西元500年左右❸。

　　但依緬甸人自己說，還在佛陀在世時，緬甸便有了佛教。兩個從緬甸去印度的孟族商人，在菩提伽耶城附近遇見了佛陀，由於他們曾不吝地供養佛陀，佛本人以八根頭髮回贈他們。兩個孟族商人將八根佛髮舍利帶回緬甸。它們至今供奉在仰光瑞德宮大金塔中。如以此為據佛教到達緬甸的時間就比阿育王遣使到金地國弘法時間還要早了。而阿育王的佛教

---

❷　見《大唐西域記》卷十「三摩（口旦）吒國」；《南海寄歸內法傳》卷一「室利差旦羅國」。

❸　參見《東南亞史》，D. G. E. 霍爾著，商務印書館，第181頁。

使臣到金地國則是緬甸的孟人的編年史所記載的。《琉璃宮史》還說，佛陀最初到過緬甸的勒開村(Lekaing Village)巡化以後在沙迦巴達(Saccabadha)山留下足跡，並在波烏(Hpo U)山作過預言授記，認為他的教法會在那裡傳播流行。當佛陀來到下緬甸的直通(Thaton)時，他在那裡的善法城(Suddhammapura)留下了頭髮舍利，他離開以後，弟子中有一個叫做伽婆帕提(Gavampati)的繼續在那裡行化（《教史》*Sāsanavamsa*）。❹

　　緬甸的佛教僧人堅持認為早在佛陀時代，稱做金地的緬甸就已經有了佛法。例如，般若薩彌(Paññāsami)在《教史》注解中說，當初阿育王向四方派遣傳法使團時，史書上記載的「婆那婆私」就是古時下緬甸的「室利差旦羅」或者「卑謬」；而「阿波蘭多迦」則是伊洛瓦底江的西岸；「摩訶勒吒」指的是「泰國」，「臾那世界」則指的是緬甸、泰國、老撾三國交界的一帶，古時稱「哈里奔猜(Haribunjaya)」也就是今日的金三角一帶。「金地國(Suvannabhumi)」則成了下緬甸的直通一帶，寬泛些可以指安達曼海和暹羅灣之間的馬來半島的中部。如果按緬甸人的這種說法，阿育王似乎是只知道緬甸一地而專門到這裡傳教了。順便說一句，泰國人認為「金地

---

❹　當然，如果依緬甸的《琉璃宮史》和《占摩女王史》(*Cāmadevivamsa*)所說，佛陀還到過泰國北部和老撾一帶，老撾萬象著名的塔鑾寺就是這時候建立的。佛陀在這裡也作預記，宣布佛法以後會在這裡隆盛五千年。今天在泰國北部的北標(Saraburi)和老撾都有自己崇祀的佛足聖跡。

國」指的是他們那裡，具體位置在曼谷西南面的「那空佛統(Nakon Pathon)」。有趣的是，今天泰國南部的烏通(Utong)和素攀武里(Supanburi)在泰語裡都有「黃金之地」的意思。不過緬甸人也相信：佛教肯定是很早就傳到他們那裡去了的。

　　9世紀以後，緬甸人在蒲甘地區建立了城市國家。蒲甘王朝的崛起取代了原來他們所依附的驃人的統治地位。他們一步步地向下緬甸擴張。當阿奴律陀在蒲甘(1044)即位做國王時，正值11世紀初上座部佛教在整個東南亞的失勢。東南亞的諸海島上和東面的高棉人這時都接受了印度教，甚而湄南河流域的孟人國家也改宗了印度教。據緬甸《琉璃宮史》記載，當時從孟人地區來了一位叫信阿羅漢的上座比丘。他向年輕的國王阿奴律陀斥責了蒲甘的阿利耶教，宣講了佛法與國家繁榮的關係和憧憬。於是「國王及諸大臣都放棄鄙見，依善法而立」。有人說，這位信阿羅漢就是《玉佛傳》中說到的那位尸羅旃陀長老。無論是真是假，在信阿羅漢的勸說下，阿律奴陀遣使往南面的直通孟人國家去延請佛教經典。但直通人斷然拒絕了。所以阿律奴陀只得發兵攻打南方。一番血戰，最終緬軍攻破了錫唐河口的直通，從那裡迎來了佛的舍利和巴利文佛經❺。據說這是蒲甘信奉佛教之始。蒲甘王朝歸信阿羅漢後，又有另一個孟人僧侶叫般他求的為國師。般

---

❺　出於《琉璃宮史》的材料並不確切。國外學者對佛教在蒲甘的這一傳播史的記錄持保留態度。如霍爾的《東南亞史》上，第190頁。但是緬甸人從直通的孟人認識佛教是沒有問題的。

他求曾經去斯里蘭卡求學，他大約在1173年歸國。般他求之後的國師叫鬱多羅耆婆的，也到楞伽島求學。正是從這一時代起，蒲甘的佛教直接地同斯里蘭卡聯繫起來，開始承續了那裡的上座部傳統。又有人說，阿律奴陀得到了直通的佛經過後，想把它與正統的斯里蘭卡三藏作一番校對，於是派遣了四個武士前往斯里蘭卡取經。

阿奴律陀在上下緬甸竭力倡導上座部佛教作為統一的思想工具。當時的蒲甘社會還信奉阿利耶教。據說阿利耶教應該屬於密教，以往有關緬甸宗教的材料都指責它為邪教，認為有不守戒律、生活放蕩等等傷風敗俗的事。但當代的緬甸學者卻有為它翻案的❻。蒲甘也有對觀世音、彌勒佛和文殊菩薩等的大乘佛教信仰。直到今天蒲甘佛教的遺址中仍然有大量的大乘佛教痕跡。蒲甘第三代君主江喜陀的妃子為求功德所建的寺廟中就有觀世音菩薩的畫像。蒲甘歷代的君主也都自認為是菩薩就世。江喜陀的兒子阿隆悉都在他所立的他冰瑜塔碑記中便聲稱自己有普濟眾生的菩薩誓願。

從11世紀起蒲甘就與楞伽島有了日益密切的聯繫。但這種來往除了宗教文化意義上的，還更有政治涵義方面的。就楞伽島言，當時的毗闍耶巴護正竭力求得南印度的其他國家支持他反對侏羅人的統治，但似乎這種統一戰線始終沒有建立起來。大批到緬甸的斯里蘭卡僧人也許把信息帶回了楞伽島，說就在錫蘭的東面，現在有一個強大的緬甸，它也一樣

---

❻　參見《東南亞文化發展史》，賀聖達著，雲南人民出版社，第203頁。

信奉上座部佛教，它才有可能關心僧伽羅人的復國鬥爭。而從緬甸人這一面看，阿律奴陀的政治動機是清楚的，他想要建立自己在馬來半島上的霸權地位。強大的侏羅人的軍隊已經透過克拉地峽，嚴重地威脅到了半島的南部以至當時的另一大國室利佛逝。不管怎麼樣，只要能夠削弱侏羅人的勢力就是好事，何況斯里蘭卡同它都是佛教國家呢。

我們也許會問那艘從楞伽島出發的船為什麼沒有把翡翠玉佛送到蒲甘來呢？我們會設想，也許斯里蘭卡人還想爭取當時的柬埔寨國加入他們的反南印度人的戰爭？事實上大約30多年以後，緬甸王叫阿隆悉都(1113-1167)的就曾經對柬埔寨發動了一場戰爭，而起因完全是因為該王猜疑柬埔寨聯合斯里蘭卡並仗著普拉卡瑪巴護一世(Prakramabahu I)的勢力來對付緬甸。那麼僧伽羅人用什麼來同緬甸的阿律奴陀聯絡感情呢？也許今天瑞德宮金塔中的佛舍利就來自11世紀的錫蘭島？正是通過這一系列錯綜複雜的歷史事件、宗教傳說，我們猜測從11世紀起，東南亞一下子加強了它對楞伽島的聯繫，儘管我們連當時錫蘭島上是哪位君王當家都不知道。

蒲甘王朝的瓦解在1287年。但此後緬甸佛教的中心仍然在蒲甘，這種狀況一直繼續到阿瓦王朝建立以後，即1364年阿瓦國王他拖彌婆耶統一上緬甸以後。阿瓦王朝在1537年被撣人部族攻破，於是發生了緬甸史上最嚴重的滅法災難。蒲甘敗亡之後，緬甸進入「南北朝時期」，在北方一時間有三個撣人政權，它們是阿瓦、邦牙和實皆；而在下緬甸，即伊洛

瓦底江下游的三角洲地區是勃固王朝。

　　勃固王朝的達磨悉提王(Dhammazedi，1472-1492)出家以前做過比丘。為了要在緬甸引進錫蘭大寺戒法，他即位以後，派遣僧伽使團前往楞伽島求法求戒。以後他又下令要所有國中比丘，一律按大寺作法重新受戒。勃固王朝是孟人建立的國家，從來敬重佛教。到達磨悉提為王時(1472)，他發心要護持佛教，要像古代的阿育王和斯里蘭卡的提婆南皮耶帝沙王整頓僧伽。達磨悉提國王在位20年(1472-1492)，他對後來的緬甸佛教影響至大。

　　緬甸佛教在蒲甘以後便有蘭卡派和緬甸派兩系。蘭卡派以後又分裂為三個支系。雖然說起來他們的差別並不表現在教理教義上，而在一些行住坐臥的威儀方面，但各派之間各執一端往往互為水火。1475年達磨悉提國王派遣僧伽求法使團前往斯里蘭卡(錫蘭)，為首的僧人是目犍連和悉婆利二人，連這兩人在內一共有22位比丘，另外還有22位沙彌。他們到達錫蘭後便在島上的大寺中學習。這個使團的比丘們為了取得更為正統的地位，認為自己原本所受的戒不夠如法，便向當時的錫蘭國王要求重新受戒。國王從島上選出最有威望的20餘名上座比丘，在一個叫做凱拉尼耶的河上——據說佛本人到島上時在那裡教化過，在那裡設立過戒壇——為僧人們授戒。為了保證戒壇的純潔性，授戒儀式是在河上連在一起的兩艘船上舉行的。這些僧人回到緬甸以後，達磨悉提國王確定以後的授戒一律以所謂「凱拉尼耶戒壇」為法式。在緬

甸確立了這一本於錫蘭的傳戒體系，堅持緬甸的僧伽以大寺為宗歸。要求國中所有的僧侶重新按大寺儀軌受戒，否則勒令還俗。由此下緬甸的所有僧人都歸入了斯里蘭卡大寺的法統。

蒲甘王朝之後的300年間，緬甸的佛教一直騷動不安，始終有兩個以上的派別爭奪著上座部佛教的正統地位。每一派都聲稱自己屬於正統。一派說其世系可以上溯到阿育王時代便到金地來的傳法使團；另一派則認為只有斯里蘭卡大寺為基地的世系才有合法地位。勃固的孟人國家由於當時和之前同斯里蘭卡的聯繫，自然更親近斯里蘭卡的大寺派。達磨悉提帝王裁決，由大寺一系的僧人取得正統地位。

緬甸的南北朝時期，戰爭主要集中在伊洛瓦底江流域。而參與爭鬥的主要是孟人與撣族。蒲甘王朝的緬人在亡國之後，只能逃往東部的一個偏僻之地，在東吁建立了緬人政權。東吁王朝(1486–1752)經最初幾位國王的勵精圖治，逐步強大起來，最後完成了緬甸的統一。莽瑞體王(1531–1551)先消滅了勃固王朝，統一了下緬甸。他的兒子莽應龍(1551–1581)又消滅阿瓦王朝，統一了上緬甸。東吁王朝的版圖比蒲甘王朝還要大。東吁一朝，隨著國勢日蒸，它與鄰國泰族的戰爭越來越頻繁，也越來越白熱化。1548年，東吁的莽瑞體王率軍進入湄南河流域，但他在阿瑜陀城下兵敗，歸途中幾乎全軍覆沒。1563年，莽應龍王再次攻下清邁，自北而南，圍城數月後，他於1564年2月破城，盡掠一切財物才撤走，為了徹底

取消後者的反抗，他將數萬阿瑜陀人民遷到下緬甸錫唐河一帶居住。莽應龍甚至將素可泰的國王也擄回緬甸。該王到緬甸後出家做了比丘。但在莽應龍許他回國禮佛後，他重新恢復了自己的國王稱號。1568年緬甸軍隊再次攻陷阿瑜陀。值得一提的是，緬甸對暹羅的戰爭給後者帶來了緬曆，也就是以西元第638年為緬曆元年。在暹羅，這個曆法一直沿用到18世紀末。而中國的傣族地區，民間也一直採用緬曆，直到20世紀中期。

　　莽應龍也是護持佛教的君主，他曾在國中各地大寺廟分送巴利文三藏，又派求法使團往錫蘭求法、求佛牙等。蘭卡（即錫蘭）也應他的要求而送來了佛牙和學問僧人。東吁王朝的末年，荷蘭與英國人已經開始對緬甸的殖民侵略。1752年下緬甸的孟人起義，推翻了東吁。待到緬人再度恢復國家時，已經是叫做雍籍牙(1752–1885)的王朝了。雍籍牙與斯里蘭卡保持良好的關係，兩國僧人往來不斷。楞伽島上今天的羅曼那派就是此時從下緬甸傳去的。不過，緬甸的佛教在殖民主義的威脅下日趨衰落，直至緬甸整個淪為英國的殖民地。

　　東吁王朝後期，緬甸的佛教再次分裂為偏袒派和全覆派，前者的根據地在薩爾溫江東岸，該派僧人在行儀上不准袈裟完全蔽覆雙肩；後者（全覆派）則主張不可露一肩，又認為可以用棕櫚葉覆頭遮陽。兩派之間也爭正統，為此引起的內部分裂從18世紀最初的幾年開始，幾近80年之久。直到下一個王朝 —— 雍籍牙(1752–1885) —— 的孟云王(Bodawpaya,

1781–1819)時，通過放逐偏袒派的主要僧人，關閉其寺院，才迫使該派滅亡。這樣才建立了全覆派僧人的獨尊地位。孟云王也是以扶持佛教為己任的君主。為了加強僧伽的管理和維持佛教僧人的戒律，他成立了緬甸的僧伽委員會；又在國內組織了僧侶考試制度。在他的治下，最有學問的僧人受到特殊嘉獎，稱做「大僧王(Mahasangharaja)」，地位等於國師；學問修持都不足的僧人則被勒令還俗。他的這兩項有關僧伽的制度對後世影響極大。以後緬甸成為英國殖民地以後，僧伽集團一直呼籲英國人恢復中央集權的僧伽委員會和試經制度。甚至在1980年代，作為一項支持佛教的表示，緬甸軍人政權還恢復了對僧人的巴利文和佛教經典的考試。在他後面的敏東王(Mindon, 1853–1878)在國家面臨滅頂之災的時候更是虔心向佛，希望以此來抵抗英國人的殖民侵略。他在1871年組織了曼德勒的佛教結集大會。將當時所有的巴利文經典校刊完畢，然後用數百塊石碑鐫刻並加保存。

# 二、柬埔寨的南傳佛教

　　我們接著《玉佛傳》的故事往下說。那艘從斯里蘭卡起航的船沒有到達下緬甸的港口，而直接來到了柬埔寨。蒲甘的阿律奴陀王聽說此事，非常憤怒，立即動身往柬埔寨討回他的公道。阿律奴陀並未帶他的強大的軍隊，而是獨自一人

並扮作一個遊方的苦行僧人，借助他的神通之力，直接飛到了柬埔寨的王都——Indapatha Nagara（因陀羅城，人們相信就是中世紀的吳哥城）。他在王宮門外以使者的身分讓人通告進去，說是蒲甘的阿律奴陀派他來索要本該屬於緬甸人的玉佛。《玉佛傳》沒有說這位柬埔寨王的名字。但後者顯然知道這尊玉佛的價值，因此一口拒絕了緬甸王的要求。緬王本來可以將他殺掉，但他在歸信佛教時已經立下了誓言，所以只好按捺自己的嗔心。不過緬王回國以前還是利用自己的神通之力，將一把木劍留在柬王寢宮的龍牀邊上，讓這個貪心的君主驚恐萬分。結果，柬埔寨的國王趕緊讓人準備了大船，把所有從楞伽島送來的佛教經像統統給蒲甘的緬王送回去。阿律奴陀在自己的自尊心得到滿足以後，留下了本來需要的佛教三藏，打發來使把翡翠玉佛送還了柬埔寨王。於是玉佛便留在當時的吳哥王都，護持那裡的佛教，令那裡的眾生深得三寶的利益。佛法在柬埔寨一天天興隆起來。但好景不常，終於又發生了變故。

　　柬埔寨王非常寵愛他的王子，後者還只是十來歲的小孩。柬王有一個大臣據說是很有一些野心的。這個大臣的兒子有一隻寵物蜘蛛，而王子有一隻寵物蒼蠅。有一天兩個小孩在一起玩樂時，大臣兒子的蜘蛛吞食了王子的蒼蠅。當國王聽王子哭訴他受到的欺侮時，大怒之餘，讓人把那個大臣的兒子投到大湖中活活淹死了。於是，國中便有那伽——（龍蛇一類的東西）乘機作亂，報復柬埔寨國王。那伽掀起巨大的

風暴毀滅了王都因陀羅城的全部居民，只有不多的幾個人逃了出來。一個佛教比丘攜帶著那尊翡翠玉佛離開，直接到了北方的某地。

　　如果《玉佛傳》說的事可以相信，那麼當初這尊玉佛應該是從楞伽島直接航行到了馬來半島上北部，那裡距離下緬甸並不遠。玉佛經過半島上的克拉地峽後可以有兩條路到達柬埔寨，或是從陸路經過泰國，或是從海路渡過暹邏灣而達吳哥城。

　　玉佛到達柬埔寨，象徵著斯里蘭卡的上座部佛教也傳到了吳哥王朝。但是柬埔寨的佛教傳播歷史要長得多，早在玉佛來到之前差不多千年，印度的文明就到了最初的高棉社會中。中國人最初稱柬埔寨為扶南。其實佛教什麼時候傳入扶南，已經難以明確指出。據三國時東吳出使扶南的朱應、康泰記述，當時扶南疆域已達湄公河及洞里薩河的全部下游地區，向西控制了從印度洋往馬來半島的商路。吳國的這些使臣抵達時，正值叫范尋的國君在位(240-287)。范姓如果寫成梵文就是"Varman"，意為「鎧甲、護佑」等，是印度王家常用的名字。書上就說其國人風俗並不著衣，唯婦人著貫頭。什麼叫貫頭？一塊布中間挖一個洞，從頭上套下，布披在身上就算衣服了。據說，國王范尋接受了吳使的建議，下令讓國中的臣民像中國人那樣著裝。扶南已經有了文字，類似「胡文」。西元375年時，其王名竺旃檀，或是天竺人，其後王名憍陳如，本是天竺婆羅門，因此國中實行了印度的政治和文

化制度，天文曆法也用天竺法。看上去，此時的柬埔寨，佛教和婆羅門教都有人奉行。憍陳如王朝統治的時間，正值6世紀左右，是中國的南北朝時代，該國與宋、齊都多有使臣往來。

6世紀初，其王憍陳如闍耶跋摩連續遣使送珊瑚佛像、天竺旃檀瑞像及婆羅樹葉至梁，同時僧伽婆羅、曼陀羅仙、須菩提等名僧先後來華譯經，說明扶南佛教早在5世紀已有相當的發展。其中齊時來華的婆羅專精於《阿毗曇》論書，又習律藏。他曾譯出《解脫道論》、《阿育王傳》等小乘系的經典；曼陀羅仙從南來到梁都後，與婆羅一道譯經，他們譯出了《寶云》、《文殊般若》、《法界體性》等著作。須菩提與曼陀羅仙共同為陳朝皇帝重譯《寶云經》等。這些都是大乘系列的經典。考古發現顯示，6世紀時高棉人的一塊碑銘說，因陀羅跋摩(514–539)「王歸依佛法僧三寶，信仰篤深，離一切染汙」，該王也曾派使臣入梁向中國獻佛髮、舍利。此時的佛教十分昌盛。此外，西天竺優禪尼國（印度烏賈因）的真諦（拘那羅陀），也在這個期間來到扶南，西元546年，受梁朝之請，被扶南王遣往梁都傳法。真諦是弘揚印度瑜伽行派的著名學僧，《解脫道論》是斯里蘭卡上座系佛教的代表性論著，它們都是通過扶南傳來中國的。扶南在5、6世紀即成了溝通印度和斯里蘭卡與中國佛教文化的又一重要渠道。扶南最初的疆域東至交趾支那，南到今天柬埔寨的南部，往西直到今日泰國南部。

　　它的北方是真臘,其疆域包括今柬埔寨北部和老撾南部。
真臘的勢力逐漸膨脹,約在6世紀中後期,它控制了扶南使其
成為屬國。真臘的出現也有一番神話故事。相傳其最初的國
君是一個婆羅門苦修士,淫婆大神從彌盧(須彌)山上派一
位天女來勾引他,使他放棄了苦修,回到塵世中來。研究神
話的學者認為,最初真臘與扶南都是有親姻的部落聯盟。因
此其文化特徵非常相近。真臘也信奉佛教。磅同省發現過護
佑佛陀的碑文,暹粒省有記述建造觀世音菩薩像的碑刻,時
間大約在6-7世紀。到了第7世紀,真臘依然以流行佛教著稱。
隋時真臘遣使來朝(616),自述其國中「城東有神名婆多利,
祭用人肉。其王年別殺人,以夜祀禱……多奉佛法,尤信道
士」。中國的《舊唐書》也說到,真臘國崇尚佛道及婆羅門天
神,而且婆羅門教比佛教還盛。以後唐玄奘把伊賞那補羅國
(真臘首府,在今柬埔寨磅同市以北)作為當時有名的佛教
國家記載入傳。西元656年,中印度的僧人那提(福生)三藏,
經過斯里蘭卡和東南亞諸國到長安。以後真臘國上下又到唐
朝來請他去弘法。同一年再回到真臘。那提通曉大小乘佛法,
精通吠陀經典。他在長安翻譯過《八羅荼羅》、《禮佛法》等,
所以他也精通密教。7世紀下半葉,唐朝僧人義朗到郎迦戌(馬
來半島)時,經過這裡。但後來的義淨仍稱它為扶南。義淨
的《南海寄歸內法傳》稱其為跋南國,認為古時候就是扶南,
這個國家的人此前還不知道穿衣服,人民信奉婆羅門教,以
後才有了佛法。但今天的邪惡君主滅除佛法,所以國內現在

沒有僧伽，有些佛教僧人也與外道雜居混處。這大概描述的是7世紀初真臘向南發展並吞滅了扶南以後的事。

從考古發掘的實物可以了解，扶南的佛教文化特點與南印度的阿摩羅婆提，中印度的鹿野苑以至西印度的阿旃陀石窟都有關係。但扶南因為地處南方水澤之地，而真臘在北方山區，故其藝術特色略有不同，稍晚而起的真臘藝術以其沙質石雕聞名。

8世紀末，在爪哇夏連特拉王朝作質子的扶南王子（以後稱闍耶跋摩二世）回國。他將首都遷往荔枝山附近，統一了水、陸真臘，為後來的吳哥高棉王國打下了良好的基礎。闍耶跋摩二世宣稱自己信奉婆羅門教的訶里訶拉神，即溼婆與毗溼奴的混合物，王宮中供奉的則是溼婆教的林伽。可見在真臘統一後的相當時期，他的王朝並未支持佛教。但是，由於在這個地區的下層民眾中始終盛行原始宗教，婆羅門教與佛教諸神的界限也不清楚，甚至同本民族的英雄崇拜混在一起，所以佛教並沒有因為國家壓制而完全絕跡。可以想像佛教在真臘國與婆羅門教都共同服務於樹立國家的政治權威，證明當世的國王就是天神或菩薩降世。

8世紀的晚期真臘勢力一度大張，甚至越過暹羅灣而可以達到馬來半島南端以至馬六甲海峽對面的蘇門答臘島。但很快地，蘇門答臘島上的室利佛逝國(Srivijaya)以至爪哇島上的塞連特拉國(Sailendra)就發展起來了，其強大的軍事力量和輝煌的文化使得真臘黯然失色。爪哇島上起初的塞連特拉統治

者還信奉的是婆羅門教的毗濕奴與濕婆大神，以及小乘佛教，但很快地大乘佛教甚至密教都傳了開來。今天享譽全世界，已成為聯合國確認的世界文化遺址的婆羅浮屠，就是那個時代修築的。它充分體現了大乘密教的特色。

當真臘併吞了扶南時，從扶南據說有好幾個王子得以逃出，到了爪哇島。於是塞連特拉朝的君主便宣稱他們有權統治扶南故土，甚至整個真臘國家。以後，在爪哇人的軍事支持下，其中一位王子從塞連特拉歸來，他復國以後設法擺脫了爪哇的控制。他就是那位終於使吳哥王朝再強盛起來的闍耶跋摩二世(Jayavarman II, 802–850)。闍耶跋摩二世是信奉印度教的，他最先在王都建立了自己的林伽山，得到了濕婆偉大力量的支持。他請婆羅門祭師到王宮中來主持儀式。許多代表印度文化的藝術家和工匠都是他從遠在東邊的占婆國（今天越南中部）請來的。占婆國是印度教文化傳統更為久遠的東南亞國家。闍耶跋摩二世是吳哥王朝締造者，經過他的兒子闍耶跋摩三世(850–877)統治，到他的孫子因陀羅一世(Indravarman I, 877–889)時，吳哥王朝變得強大起來。

9世紀後半期，因陀羅一世開始營造著名的首都吳哥城。這位國王具有深厚的印度文化素養，相傳他還是建築師和工程師。他組織了印度來的工匠，設計和建造了吳哥最早的水利灌溉系統——一系列的水庫和水渠。這成為後來吳哥農業經濟繁榮的基礎。在因陀羅一世統治期間，佛教與婆羅門教業已同時並行於社會上層。這位國王在柬埔寨歷史上真正使

宗教服務於王權，他的宮中，印度教儀式與佛教軌儀並行不悖，和尚與婆羅門都出入宮禁。

　　柬埔寨文化中的「廟山」——在一個山巔選擇建造神廟的基礎——概念也就形成於這一時期。這個神廟以後發展成了故去的國王的陵寢之地，廟山於是成了墳山。因陀羅一世建造的巴空山(Phnom Bakong)就受到了來自爪哇島的婆羅浮屠的建築影響。因陀羅一世以後的好幾代君主也都致力於吳哥的水利建設和宗教建築。這是他們那個時代的物質文明與精神文明建設事業。到他的兒子耶輸跋摩一世(Yasovarman I, 889–900)繼位後，王都正式遷往吳哥。這位新的統治者公然聲明自己是佛教徒。當然他也在國內保護其他的宗教。這時的吳哥王朝已經征服了中南半島的大部，佛教勢力有很大的增長。該王自己的神廟建在巴肯山(Phnom Bakheng)上，它同樣反映出爪哇的那座劃時代建築婆羅浮屠的光輝。

　　以後的吳哥諸王，或者信奉佛，或信奉濕婆，但都並存共處於王家的政治庇護之下，形成柬埔寨特有的婆羅門教與佛教相混合的色彩。到羅闍因陀羅跋摩一世(Rajendravarman I, 944–968)時，好幾所純粹的大乘佛教寺廟已經在吳哥建立起來。這時廟山的概念也已經完全轉換成了陵山或墳山——這就意味著王權的神化過程也已經完成。這一時期最有代表性的建築是闍耶跋摩五世(Jayavarman V, 968–1001)和他的婆羅門國師建造的磅替暹粒寺(Banteay Srei)。

　　蘇利耶跋摩一世(Suryavarman I, 1002–1050)在十一世紀

初登基。他自稱為虔誠的佛教信奉者，但同期的碑銘說明，當時依然是婆羅門教與佛教大小乘並行。大約就在該王登基後數年，吳哥王朝併吞了古老的墮羅缽底孟人佛教國家。當時墮羅缽底國的中心在今日泰國的華富里（在曼谷北邊約二百公里處）。古老的孟人佛教文化——那裡一直信奉的是小乘佛教，當然不一定是斯里蘭卡的大寺傳統的上座部——隨之來到了吳哥王朝的宮廷。蘇利耶跋摩一世代表了古代高棉帝國的黃金時代。他與緬甸蒲甘的阿律奴陀王大約是同一時期的人。儘管泰國的《玉佛傳》在說到柬埔寨的王都時，稱其為Indaputta Nagara（因陀羅城），而沒有說明是不是吳哥；也沒有說到那位接受了斯里蘭卡來的翡翠玉佛的君王到底是誰。不過我們可以猜測，這大約就是蘇利耶跋摩一世或者他的兩個繼承人，叫做鬱羅耶提跋摩二世(Udayadityavarman II, 1050–1066)或者哈爾沙跋摩三世(Harshavarman III, 1066–1080)的。他們統治柬埔寨的時期與鄰國的阿律奴陀差不多同時。　也就在這一時期，　吳哥的王宮建到了叫做薛米那伽(Phimeanakas)或者叫巴蓬(Baphuon)的廟山上，山上專門指定了一所供奉佛像的寺廟，也許那尊玉佛就供奉在其中吧？在11世紀柬埔寨最為強盛的時期，稱作蘇利耶跋摩二世的國王也成為了翡翠玉佛的擁有者。此時的吳哥控制了今天的老撾南部，勢力往東一直達到占婆，而泰國今日東部地區都在它的版圖之內。

　　然而世事無常，轉眼即空，高棉的輝煌注定不能永不褪

色。蘇利耶跋摩二世雖然使吳哥達到了強盛的頂點，在他之後的幾代君主因為窮兵黷武，也因為宗教建築大興土木，而耗空了國庫。再加上作為王朝經濟命脈的水利灌溉系統年久失修，古代柬埔寨開始接近了那條光榮之路的盡頭。蘇利耶跋摩二世晚年，大約1145年，正值占人國家的一位新君上臺，但專橫的吳哥不肯承認其合法性，扶植了另外一個國王。占婆人無可奈何，只能銜恨暫時聽命。但1150年，蘇利耶跋摩二世剛去世，朝中因為王位繼承人的確立而大亂，占婆國一看時機已到，立刻興兵向吳哥殺來。戰爭持續了好幾年，雙方都遭受了巨大的損失。但占人最終在1177年攻陷了吳哥城，將這座大部分用木頭建造的城市付之一炬，盡獲所有的金銀玉製帛而歸。這個故事中沒有提到玉佛的下落。我們可以設想它似乎並未受到損害。

　　既然《玉佛傳》沒有提到此時佛像的命運，我們盡可以認為，當時吳哥城中的玉佛寺的比丘，在城破之前，預知玉佛可能會遭受的厄運，便預先將它掩埋起來或藏起來了。總之，鎮國之寶沒有給占人擄去。但是吳哥城並未在這次戰火中永遠消失。當幾年之後，新的高棉王闍耶跋摩七世(Jayavarma VII, 1181–1200)登基後，吳哥王朝在隨後的幾十年中達到強盛。在該王治下，一時國中有大乘佛教、小乘佛教和婆羅門教同時流行。闍耶跋摩七世的兒子之一叫做多摩林達(Tamalinda)的，是一個沙彌，他曾隨緬甸的車波多到過錫蘭，那是1180年的事。但他是否回到了柬埔寨呢？是否把大寺系

的上座部佛教弘傳呢？我們不得而知。勵精圖治的闍耶跋摩
國王給國家帶來了生機。經過一番臥薪嘗膽的努力，柬埔寨
最終驅逐了占人，恢復了昔日的帝國疆域。闍耶跋摩七世重
建了吳哥城，新的城市在規模上比以前還要恢宏，而從考古
發現來看，無論是建築質量還是真正的精神氣質都已經不再
有往日的輝煌了。這一時期，佛教完全占據了國家精神生活
的主導地位，這也是從宗教建築上反映出來的。闍耶跋摩七
世最終為柬埔寨大大地泄了恨，在他的治下，高棉軍隊攻進
了占人的國土，夷平了它的首都占城。

　　從13世紀開始，柬埔寨再次建設吳哥。吳哥城的基礎是
約二百年前的鬱羅耶提跋摩二世(1050–1066)建造的巴蓬寺。
闍耶跋摩七世建造了他的廟山──巴榮寺。這裡也就成了新
的吳哥的中心。從巴榮寺的建築和雕塑看，大乘佛教是它的
思想主流。這裡傳統的印度教關於龍或者蛇──它們在神話
中具有使宇宙生起的能力，同佛教神話中作為佛法護持者的
那伽龍王的觀點❼結合起來，融匯到了一起。闍耶跋摩七世
以後的君主們再不能維持帝國的強大。帝國一年年地衰落下
去。進入13世紀以後，吳哥王朝遇見了新的強勁敵人，這就
是剛才崛起的泰人國家，後者從一開始就接受了上座部佛教
傳統。

　　隨著吳哥王朝領土不斷被蠶食，拉瑪甘亨的素可泰國家
的上座部佛教影響也就一步步地深入到衰落的帝國內部來。

❼　例如，在佛陀成道之夜，龍王那伽就保護過佛陀不受摩羅的擾亂。

實際上，早在11世紀，緬甸人就歸依了上座部的佛教❽，而
柬埔寨人也由於同斯里蘭卡的關係而不能不受後者的影響。
前面我們說過，也許錫蘭的那位帕拉伽馬巴護王給高棉人送
來了那尊翡翠玉佛和它代表的大寺影響。在斯里蘭卡和泰人
兩方面的推動下，柬埔寨正在一點點地褪去它以往的大乘佛
教以至密教的影響，接受更為樸實的上座部傳統。至於被高
棉人吞併的墮羅缽底孟人國家將給柬埔寨帶來的影響更是不
言而喻的事實。吳哥帝國的佛教究竟是什麼狀況呢？大約一
百年後，我們從元朝的使臣周達觀留下的文字中，得以看到
一個大概：

　　凡國王出巡時，軍馬擁其前，旗幟鼓樂隨其後。宮女
　　三五百，手執巨燭，自成一隊，大白天也點亮蠟燭。
　　還有的宮女捧著或執持王宮中使用的金銀器皿及種種
　　儀仗，反正都有一番講究。又還有的宮女手執標槍、
　　標牌，她們是宮中的禁衛軍了。出巡的隊伍中還有羊
　　車、鹿車、馬車，又都以黃金為裝飾。隨行的大臣屬

---

❽　大約在1180年，下緬甸孟人地區的比丘車波多(Chapata)渡海來到了楞
　　伽島，他在大寺中重受上座部戒法，學習佛教的經律論藏。十年之後，
　　這位車波多長老回到緬甸。他對於已經存在了幾百年的直通一系的佛
　　教僧伽提出挑戰。我們知道，當上緬甸的阿律奴陀王在那個直通來的
　　信阿羅漢長老的幫助下攻占直通以後，所歸依的就是那裡的佛教系統。
　　現在車波多提出，這一系統由於不如法而不能接受，他要求緬甸的佛
　　法應該以大寺一系為準。結果，緬甸出現了一個僧伽羅的佛教僧團。

　　吏皇親國戚，都騎象在前，頭上撐著紅色的涼傘，遠
　　望一片紅色，不計其數……後面走來的是國主，立於
　　大象背上，手持金劍，大象的長牙也以黃金套上。打
　　綃金白涼傘的有約20餘把，傘柄也都是黃金的。四周
　　都是大象簇擁著。又還有步軍馬隊保護。如果是往遠
　　處出遊，則用黃金轎子讓宮女們抬著走。只要出巡，
　　必有小金塔金佛在隊伍前面，旁觀的人見佛像來了，
　　一律都得下跪頂禮。如果有人不遵守這種禮敬法的，
　　有專人監督糾察，不會隨便放過。❾

　　到了14世紀，具體說是根據1309年的一塊巴利語碑銘所
做的判斷，闍耶跋摩波羅彌斯伐羅(Jayavarman Paramisvara,
1327–1353)在登基以後開始護持大寺一系的上座部佛教。他
要求佛教僧伽廢棄梵文經典而採用巴利文的佛典。1353年該
王的女婿，也就是後來的老撾國王法昂(Fa Ngum)在湄公河上
游琅勃拉邦一帶建立了國家。其國名為「南掌（瀾滄）」。他
送給女婿一尊原先出自錫蘭的佛像，叫做「琅勃拉佛(Phra
Bang Buddha)」的，為了表示這尊佛像的重要與神聖，後者
把南掌的王都起名「琅勃拉邦(Loung Phra Bang)」。由於他的
女兒嫁到老撾去，才使那裡也有了最初的上座部佛教。1431
年阿瑜陀的泰人國家在長期對柬埔寨帝國騷擾蠶食以後，終
於一了百了地發動了大規模的軍事入侵。波隆摩羅闍二世

❾　見中華書局1981年版《真臘風土記》，第183頁上。

(Boromaraja II, 1424—1448)的軍隊一邊進攻，一邊有意地摧毀高棉人的水利灌溉系統，這是從根本上毀滅這個國家的生命。當吳哥城最後被攻破後，高棉人將他們的首都遷到了今天的金邊一帶。偉大的吳哥帝國永遠地消失了。這裡還有一種說法，認為吳哥城還沒有熬到暹羅軍隊的攻城戰開始，就被永遠放棄了。因為當19世紀吳哥城被重新發現於叢林中時，城外那些早已被毀損或因長久失修而廢棄的巨大的水渠和淤塞了的水庫，給人們留下了深刻的印象。

吳哥帝國的最後一位君主是一個叫做達摩索卡(Dharma-soka, 1383? —1389)的人。我們並不能確切地知道，他是否就是那個暴虐的君主，因為自己愛子的蒼蠅寵物被臣下兒子豢養的蜘蛛吃掉了就會不惜殺人。反正在1431年，當這位大王死後，還在治喪之時，暹羅人的軍隊就已經掩殺過來了。皇家寺廟的幾個僧人攜帶著舉世珍貴的玉佛，投到了暹羅人一方。據說玉佛因此就踏上了往北的道路，但《玉佛傳》並沒有說明它是否到了阿瑜陀的首都——大城府。當它再次被發現時，到了一個叫做清邁的北泰地方。

但正是從這裡，我們的翡翠玉佛的來蹤去影就顯得有些模糊不清了。按照我們一直在引用的這部《玉佛傳》❿，說是有某法師，利用神通力使玉佛自己離開了吳哥城，到了北

---

❿　*The Chronicle of the Emerald Buddha*, translated from Thai by Camille Notton, Bangkok, 1932. 這部《玉佛傳》的寫作者並未留下姓名來。我們稱作無名氏的《玉佛傳》。

方的一個鄉村，躲過了一場浩劫。但後來阿瑜陀的某國王得
到了這尊佛像以及守護它的士兵。由於這個佛像，整個泰國
北部都得到三寶的恩澤，沐浴了佛法的光輝。在很長一段時
間內，阿瑜陀各地的人民，連同那些藩屬的小國都爭相迎取
玉佛到自己的國內供養。那個甘烹碧的國王徵得了阿瑜陀王
的同意，把玉佛迎到國內供養了一年零九個月。然後甘烹碧
王的兒子又求父親許可他將佛像帶到華富里去供養。這麼說
來，華富里是他受封的領地。11世紀之前那裡是墮羅缽底國
的故地。墮羅缽底亡國後其地先由吳哥領有，以後又被阿瑜
陀吞併。再之後一位清萊王子又把佛像迎到了自己的領地，
按同一部《玉佛傳》的說法，這位王子還取得了對另外一尊
來自斯里蘭卡的獅子佛的監護權。由於這些佛像，當然當時
的清萊也就得到了安寧和平與繁榮。當然在所有這些迎取佛
像的宗教虔誠後頭，都是政治與軍事力量的權衡。誰的力量
最為強大，誰就可以支配佛像，優先享有佛像提供的政治合
法性。

　　又過了一些年，輪到一位清邁的王子提出要求：他應該
擁有這尊佛像的供養權。這位王子叫做膠納（Keu Na或者Ku
Nat稱庫納），他甚至為佛像專門建了一座閣樓。佛像在清邁
一直供奉到1506年，結果清邁法運隆盛，人民深得三寶護佑。
但依據清邁的一部《玉佛傳》說，翡翠玉佛在清邁是1388至
1411年的事，當時的國王叫做森苗瓦(Sam Muang Ma)。那尊
佛像一直藏在城內的一個寺廟裡面，所有的人都以為它只是

一尊普通的佛像。但即令這樣，任何人要是手碰著佛像，那怕是無意中發生的不敬行為，都會馬上遭到報應。

　　另外一部《玉佛傳》⓫又說，當初那位法師把佛像從吳哥城攜帶出來時，就是神不知鬼不覺的，他沒有告訴任何人。等到了清萊城內便找了一處非常僻靜的地方，在湄公河邊建了一座小廟把佛像供養起來。為了安全起見，他還在佛像外面塗了一層泥胎。多少年以後，木納伽摩(Muna Gama)做清萊王時，他下令拆了舊廟重蓋，結果佛像上的泥胎剝落，顯出了玉佛真身。泰國學者認為這部《玉佛傳》在此所說的重建玉佛寺一事，應該是1434年的事情。它發生在彬方金王(Sam Fang Kaen)統治的時候。如果按這部《玉佛傳》，那麼重建玉佛寺距離吳哥城被攻破而僧人攜佛像逃離也就只有兩年。為甚麼一座廟才蓋了兩年又要重修呢？這似乎有點說不通。於是就有人認為《玉佛傳》中所說的吳哥城被攻破不是指的1432年的這次，而是更早得多的1177年。這裡也就有了二百多年的時間，足夠佛像從吳哥到阿瑜陀，再到甘烹碧和清萊，甚至清邁轉這麼一大圈。可是問題又出來了。那位在《玉佛傳》中提到了的膠納(Keu Nat)王子，就是蘭納國的庫納(Ku Nat)王，他的統治時期是1355–1385年間。事情還不止於此，那部叫做孌蓬沙瓦單雍納(*Ruang Pongsawadan Yinok*)的《玉佛傳》本子中說到的阿瑜陀王叫帝多(Ditta)，該本認為他在玉佛離開吳哥北上之後，最先獲得了對佛像的監護權。專家們說，

---

⓫　名叫*Phra Dhatu Chom T'ong*的本子。此本原出於清萊。

這個帝多王並不是先前人們相信的那個11世紀時的阿瑜陀王，而是比這早得多的另一位同名的君主。如果真是這樣，那就意味著，佛像離開柬埔寨的時間，只能在闍耶跋摩二世剛建吳哥城的9世紀之初和阿帝多王(Adittaraja)登基以前了。可是，據本書一直在引用的泰國《玉佛傳》，翡翠玉佛是在11世紀時由錫蘭王送給蒲甘的阿律奴陀的。在此之前它還供奉在屬於斯里蘭卡王家的某個玉佛寺中呢！總之，把所有這些不同版本的《玉佛傳》湊到一塊，時間、空間和人物都亂做一團，理不出頭緒來了。

於是我們只好乾脆跳出所有這些互相抵牾的資料。所幸的是最混亂的事實都發生在佛像離開吳哥城後的這段時間。而這正好也是東南亞歷史上群雄紛爭不已的戰亂時代。我們只能相信一點：這尊作為鎮國之寶的玉佛的確在阿瑜陀、甘烹碧、清萊、南奔和琅勃拉邦都被供奉過。而佛像本身也就見證了南傳佛教從14世紀以來的東南亞傳播歷史。玉佛的故事也就從離開柬埔寨而到古代暹邏地方以後，才能再往下繼續了。

# 三、泰國的南傳佛教

暹邏是泰國的古稱。據佛統和蓬迪出土的文物考證，一般認為，西元初在暹邏中部已經有佛教信仰存在。其中在佛

統發現有以鹿為底座的法輪，象徵佛在鹿野苑說法；另有佛
陀足跡的圖案和刻有「諸法因緣生，諸法因緣滅」的巴利文
銘文，這都是佛像尚未出現並受到崇拜時的佛教情況。有學
者從藝術風格上推斷，它們當屬印度笈多王朝時期的產物。
在蓬迪，發現有數座佛寺遺址，並有青銅或石雕的佛像，顯
然，這是更晚一些時候的文物。時間似乎都不會早於西元2或
3世紀，但考慮到文化遺物如佛塔、佛像往往在流行相當時期
以後才會產生，因此佛教在此地區的傳入時間可以上推到西
元1世紀左右。

　　暹羅的佛教受到孟人佛教的深遠影響。古代湄南河流域
曾經是孟人居住的地區。考古資料顯示孟人很早就接受了佛
教。但它是與南印度的阿摩羅婆提一帶佛教形式相關的小乘，
並不是後來的大寺一系教法。歷史和考古都證明下緬甸的直
通的佛教也是孟人佛教。孟人是緬甸和泰國第一千紀中期和
晚期的古老的居民。從7世紀時就出現在東南亞的歷史資料
中，一直到11世紀達到強盛。孟族分為東孟人和西孟人。約
在西元前5世紀，孟人在下緬甸錫唐河一帶和湄南河流域建立
國家。東孟人在今天泰國的曼谷以西和曼谷以北的南奔附近
立國，前者是古時候的墮羅缽底，後者則為哈里奔猜；而西
孟人就是直通國的建立者。孟族的傳統是佛教傳統。直通的
孟人國家在11世紀時給新近崛起的西北方緬人國家消滅，成
為緬甸的一個部分。東孟人的墮羅缽底的命運，與其西孟同
胞兄弟的命運是一樣的，先後受到緬甸軍隊和高棉帝國的攻

擊，最終被高棉人消滅。這種兩面受夾攻的形勢是與墮羅缽底的地理位置密切相關的。在西元10世紀末，它的東邊是高棉（柬埔寨），西邊則是緬甸。

墮羅缽底的佛教文化無疑深遠地影響到了緬甸人、高棉人和稍後來到湄南河流域的泰人。其中東孟人的國家名墮羅缽底，國都在今曼谷以西30公里的那空佛統，考古發現最早的碑銘為6世紀；其後首府遷往富華里，那裡的碑銘最早為8世紀。7世紀的玄奘和義淨，都把它看作重要的佛教國家。與義淨同時的愛州人（今越南清化）叫「大乘燈」的就在這裡出家，然後隨唐使郯緒回到長安，追隨玄奘修學。

在那空佛統發現的帕梅尼寺遺址，其平面結構與緬甸蒲甘阿爛陀寺一樣，而後者是緬甸王江喜陀（1084–1113在位）在聽取了從印度前來避難的八名僧人對奧里薩烏陀者利山的阿爛陀寺洞窟的描述後敕命建造的，因此，帕梅尼寺屬印度風格。在烏通和庫巴也有佛寺遺址，有的布局則是斯里蘭卡樣式，支柱基礎是大象，並有僧人聚會的大堂。屬於墮羅缽底王朝時代的雕塑也很多，青銅或石刻的雕像，都以孟人的風格為原型，藝術風格有屬阿摩羅伐底（Amaravāti，在南印度）的、笈多王朝和後笈多王朝的，也有波羅王朝的。

墮羅缽底王國在11世紀被吳哥王朝征服，此後，高棉人信奉的印度教也在這裡傳播開來。據中國史籍記載，6世紀以後，泰屬馬來半島諸國的佛教已相當發達。其中盤盤國（在萬侖和斜仔一帶）在南朝梁大通年間(529–534)多次遣使送來

舍利、畫塔、菩提樹葉等，《舊唐書》卷197記說那裡的人民
都學習梵文也非常敬重佛法。而《隋書》卷82記說，赤土國
——在博他倫（高頭廊）和宋卡一帶——的人士敬重佛教，
但更敬重婆羅門教；他們的國王是印度籍的，叫瞿曇氏，所
居住的僧者城，有門三重，「每門圖畫飛仙、仙人、菩薩之像
……又飾四婦人，容飾如佛塔邊金剛力士之狀，夾門而立」。
國王的父親以往曾經放棄王位而出家修道。《梁書》卷54又說：
狼牙修國——它在馬來半島北大年、吉打一帶地方——於梁
天監十四年(518)遣使攜國書通好，書中說到的話都是佛教的
語言，如「離淫怒癡，哀愍眾生……慈心深廣，律儀清淨，
正法化治，供養三寶」等等。而更晚些僧人義淨在撰寫《大
唐西域求法高僧傳》時，他指出這一地方是中國佛教與斯里
蘭卡、印度佛教密切聯繫的重要樞紐。從中國四川來的義朗
律師等三人，從長安出發，越江漢至烏雷（廣西欽州灣犀牛
腳）搭乘商船，在海上經過了扶南後，來到朗迦戍（即狼牙
修），並得到國王的款待，被奉作上賓。而來自洛陽的義輝、
荊州的通陵也都曾經到過這裡。玄奘和義淨也把狼牙修視作
極其尊重佛法的國家。

　　由於暹羅佛教的來源不一，信仰頗雜。有小乘上座部，
也有大乘系統，觀音崇拜最為流行。南洋群島佛教何時傳入，
已不可確考。但今天馬來西亞與泰國接壤的吉打州武吉梅林，
曾發現有5世紀的佛寺遺址，殘有石刻屬印度跋羅婆字體的梵
文佛偈；霹靂州也發現過梵文碑銘，包括佛偈和某船主祈求

平安的禱文。這都是大乘佛教傳入馬來半島的證明。但受佛教影響更大的古代地區，則是今天的蘇門答臘和爪哇。

　　13世紀中期，泰人佛教受吳哥王朝的影響，那時的泰人同時也信奉大乘佛教和婆羅門教。也許正是為了擺脫高棉人的影響，泰人一旦覺得自己羽毛豐滿時，便把目光投向了更加質樸的錫蘭上座部佛教。到了13世紀中期，當素可泰國家——它的前身就是蘭納泰部落國家——開始強盛時，它有意扶植錫蘭的上座部佛教。據《聖者時鬘論》(Jinakālamālini)說，此時泰人曾從錫蘭迎來了一尊「獅子佛像」——它有兩個意思，來自獅子國（即錫蘭），或者指佛像本身作獅子狀，能摧伏一切魔障。整個東南亞的有名佛像有三尊，它們都來自錫蘭。第一尊是獅子佛。15世紀之初，它由素可泰的王都被迎到清邁地方。以後又說它被迎到曼谷供養，現今保存於泰國國家博物館。但清邁的泰人說，國家博物館的那尊佛像是複製品，佛像的真身還在清邁。第二尊佛像即是本書一再提到的翡翠玉佛。它作為禮品被贈送給阿律奴陀以後，其實也是先到了柬埔寨，以後才來到清邁。最後又在1436年來到曼谷。下一世紀，即16世紀它又被當成戰利品給送到了老撾萬象玉佛寺。1778年，泰國人攻破萬象時再將它迎到曼谷。第三尊佛像叫勃拉邦佛，本來也供奉在萬象王家寺院。1778年給泰國軍隊同時掠回曼谷。但後來的拉瑪四世蒙固王在1868年將勃拉邦佛送還老撾。我們所以這麼詳細地講述著名佛像在東南亞各國之間易手的故事，是想強調一點，隨著佛教成為了

東南亞各國的國家宗教，佛教便有了賦予封建君主們以政治合法性的功能。佛像不再只是宗教聖物，更具有政治象徵作用。這充分說明了佛教在南亞和東南亞的特殊政治涵義。

## (一)泰人國家的崛起

西元第一千紀的中期，今日泰國北部和中部就已經有泰人部落在居住了。泰人的祖先究竟是哪一個古代民族，至今依然是多有爭論的事，依據中國古代史籍中關於南方或西南方少數民族的記載，我們只能大致猜想，泰人的祖先起初居住在中國雲南或者廣西，寬泛一些稱作「百越」，狹窄一點，他們也許屬於「滇越」。按照一部分西方學者的意見，他們與西元7、8世紀時的南詔的「烏蠻」，後來大理的「白蠻」，西元10世紀時的撣人以及老撾的寮人最初都屬同一種族來源，如果這與我們泛指的百越之族是一個意思，也就沒有什麼必要再作爭論了❷。簡單地說來，泰人的政治國家出現得較晚，在東南亞地區，最先出現的土著民族的政權是驃人的、孟人的或高棉人的國家。至少在西元6世紀時，中南半島上還沒有泰人國家。

與之相比，高棉人發展了最初的國家。西元1世紀扶南便

---

❷　如英國人H. D. Davis, *Yunan: The Link between India and Yangtze*。該書新近有雲南教育出版社的一個譯本，名為《雲南：聯結印度和揚子江的鎖鏈》，2000. 4。

有了女王的統治；到3世紀時，扶南已經可以說是名聲遠播了。當時它的疆域包括了今天的越南南部、柬埔寨、泰國，甚至馬來半島的北部。與高棉人差不多同時，在湄南河下游、暹羅灣北部，直到緬甸東南的地區都是孟人的古代社會。中國史籍提到較早的孟人國家是林陽國⓭。往西一點，在泰國的比勞克東山的東麓及夜功河河谷，即今天的北碧、呸叻和佛丕一帶是稱作金鄰的國家。金鄰國也是孟人國家，在6世紀時被東面的扶南消滅。其舊地仍為孟人棲息生存，以後重新復國，稱墮羅缽底。中國史籍《舊唐書》《新唐書》都記有這個國家的情況，稱其為墮和羅或獨和羅。⓮《新唐書》說墮和羅國「南距盤盤（今馬來半島北部或中部），東鄰真臘（9世紀後的扶南），西鄰大海。」誠如此，則所謂墮羅缽底的孟人國家在當時就可以稱得上幅員廣闊了。它橫跨了今天的湄南河下游直到緬甸的薩爾溫江下游，亦即莫塔馬灣到曼谷灣之間的廣大地區。其實，在古代遠沒有今天的緬甸和泰國這樣的政治疆域，那裡就是孟人在生活棲息而已。而在夜功河河谷與薩爾溫江之間是高的大山，中間只有少數的山口可以成為通道，這些山口中最有名的是三塔關。這個名字顯示那裡

---

⓭　有說林陽不在暹邏灣北面而在緬甸的丹那沙林。

⓮　有趣的是，《舊唐書》（卷一六七）上同時提到了這一地區的投和國以及墮和羅的名稱。兩者都指墮羅缽底。這種情況表示的是一國而異名呢？還是兩個國家——因為文化接近而被誤認為一國呢？我們已經不得而知了。

曾有三座佛塔。三塔關自古以來是下緬甸到湄公河流域的要道，處在泰國與西方的重要商業通道上。

孟人的經濟和文化形態在西元第一千紀後半期有了長足的發展。它所處的特殊地理位置使其能夠同時吸收東北印度、南印度和錫蘭島的文化。墮羅缽底文化中的佛教遺物反映了南印度的阿摩羅婆提、笈多王朝的和僧伽羅的文化特點。6世紀以後墮羅缽底文化逐步往西、往北和往東發展，形成了下緬甸錫唐河流域的直通以及北泰的哈里奔猜的上座部佛教中心。

墮羅缽底文化的意義在於它日益溝通了泰國從湄公河上游直到暹邏灣北面地區的政治、經濟和文化交流，給後來的泰人國家奠定重要的傳統基礎，主要是這個基礎上的上座部佛教特徵。墮羅缽底國的上座部並不是直接來自錫蘭的大寺，據估計，它是在西元前後或略晚一點時從東北印度傳來的。在相當於今天的泰國中部，這一地區的孟人形成了好幾個國家和文化中心。除了夜功河下游的佛統，還有華富里(Lopri)，在湄南河中游；一是哈里奔猜（在今日的南奔附近，屬於泰國北部，就在湄公河的上游地帶）。華富里是孟人的重要戰略基地。它在幾百年間一直抵抗著來自東方的高棉帝國的軍事壓力。雖然也有淪為其屬地的時候，但一有機會它就宣布獨立，並不受後者永久的壓制。它所具有的鮮明政治特點也得益於各種宗教文化的影響，最終這些構成了泰國的文化特質之一。

　　泰族文化的另一特點來自中國，準確地說來自南部中國的百越文化。考古學家們證實，早在西元前3000年時，今天的泰國東北部的班清(Ban Chiang)就有高度發展的青銅文化，它與後來越南的東山文化應該是同源的。東山文化中最有代表性的是祭祀儀禮所用的銅鼓。而銅鼓文化就有深刻的中國西南少數民族的特色。無論如何，泰國的班清文化覆蓋了從越南奠邊府一帶往西到老撾、泰國、緬甸，直到印度東北部的廣袤地帶。從西元第一千紀的後期開始，泰人也就組成了一些不大而零散的部落國家。當它們登上中古時代早期的歷史舞臺時，東南亞已經有了蒲甘、高棉的吳哥這樣一些強大的國家，在它們的北面——今日的中國雲南境內——則有南詔政權。從一開始泰族就必須學會與諸政治大國周旋，才可以在政治夾縫中得以生存下去。

　　吳哥國家在西元第一千紀的末期逐漸強大，到西元11-12世紀時達到了它的極盛時代。隨著它的政治軍事實力向西擴張，吳哥從扶南時代就一直存在的婆羅門教、大乘佛教以及小乘佛教也都注入了湄南河流域。而這一地區在10世紀以後也由於與東北的哈里奔猜和下緬甸直通的孟人國家的商業接觸而發生對上座部的信仰，以後來自斯里蘭卡大寺一系的佛教影響越來越強。還在9世紀時，墮羅缽底的國家就開始衰落了。相對而言，下緬甸的直通倒強大起來。但到了1044年，蒲甘的阿律奴陀王南下而征服了直通，並接過了後者一貫堅持的上座部佛教的理想和傳統。阿奴律陀進一步發展了楞伽

島上的精神聯繫。這就是本書中一再說起的翡翠玉佛從斯里蘭卡流往東南亞的緣由。而蒲甘與吳哥兩個國家之間的爭奪與相互滲透，也就從精神上不斷影響著泰人中各個部落聯盟國家的成長。

當時影響中南半島的還有中國雲南的大理政權——有人認為它就是南詔政權的繼續。南詔在7世紀時便載於史冊了，這是一個信奉大乘佛教的少數民族國家。它位於中國雲南境內，但它的影響卻遠及緬甸、泰國和老撾和中南半島的北部山區。南詔還有後來的大理，都以它們有效的中央集權和軍事化的組織而在動蕩的環境中生存下來。事實上它既要提防緬甸的蒲甘政權，又要對付北泰地區的諸泰人小國——它們的臣民主要分布在南詔和蒲甘之間的夾縫裡，還有就是老撾上寮地區。由於巨大的政治和軍事壓力，泰人自然將目光轉向了湄南河、湄公河下游的河谷地帶。而按以往的情況，這裡主要是孟人和高棉人為主的生存區域。

當然雲南境內的大理政權也不會長久地強大❶。 1253年忽必烈的蒙古大軍南下，消滅了在蒼山、洱海之間的這個具有悠久文化的國家。蒙古軍隊的鐵蹄沒有停下來，而是一路往南。在以後的二百年間，它不斷同緬甸人作戰，削弱蒲甘的統治實力，結果使得以往一直受到蒲甘統治的，北部緬甸

❶ 其實，南詔到10世紀初就已經被後來的段氏大理政權所取代了。南詔以烏蠻為主體，而大理則以白蠻為主體。南詔與大理都是當時的強大地方政權，尤其對中南半島北部山地民族有重要的影響。

的撣族部落得以重新尋找他們的生存天地。本來散布在從怒江到伊洛瓦底江上游的崇山峻嶺之間的撣族沿河谷南下，擴散開來，形成了上緬甸在14世紀時的幾個強大的撣人部落國家——邦牙、實皆和阿瓦。同樣的情形也發生在湄公河的上游一帶，原先的泰人部落一旦發現政治真空，便很快地組成了新的國家。

在中南半島的北端，包括今日的緬甸撣邦、泰國的北部與東北部、老撾的上寮與中寮地帶，雲南的南部包括德宏和西雙版納地區，在距今約800年前的時候，都屬於同一個自然地理區域，遠沒有今日的政治地理觀念，不可能將這一地區劃分給中國、緬甸、泰國或是老撾。緬甸的撣族、泰國的泰族、老撾的寮族、中國的傣族，從種族、語言和文化等方面的淵源都是同一的。大約從西元7世紀起，在保留著原始宗教的巫術特點的同時，他們都不同程度地受到了沿東南亞幾條大河河谷北上的佛教影響。到了10世紀，上座部佛教的影響日趨強烈。

無論如何，當蒲甘和大理這樣的國家在政治上瓦解以後，原本受到它們控制的泰人部落紛紛自立，組成了一些小的部落聯盟，這就是當時的泰族國家。在西元第二千紀時的最初幾百年間，泰人的地方政權逐步地發展起來。與此同時，上座部佛教從南往北地征服了各個邦國。而那些傳法的佛教僧人幾乎都來自馬來半島的中部，它正好地處安達曼海與暹羅灣之間的通道上。泰國南部的洛坤地方(Nakhon Si Thammarat)一直是從印度洋往南中國海沿岸各國的貿易集散地，又是宗教文化傳播的重要基地。從南印度往吳哥，再往占婆的商人與和尚都會在這裡落腳。本書中一再引述的不同本子的《玉佛傳》都不約而同地提到洛坤這個地方，在早期泰國史上，來自洛坤的上座比丘把斯里蘭卡或南印度的佛教傳到了素可泰、阿瑜陀和蘭納泰等地。

到了13世紀，泰國除了一些零散的泰人部落，基本形成了兩個較大的國家，北方是蘭納泰，湄南河流域中部則是素可泰。蘭納泰的領域在當時甚大，它包括了今天緬甸撣邦東北、雲南南部和老撾的一部分。蘭納泰以清邁為文化中心。素可泰立國在1257年，它本身就是新崛起的泰人反抗吳哥帝國的殖民統治的產物。至於蘭納泰的立國開端，則可以回溯到西元10世紀時。

## ㈡泰人國家的早期佛教狀況

13世紀時的泰國總體說來仍然是一個多種民族混處雜居的局面。南方以孟族為主體，北方以泰人為主體，佛教最先就在泰南的孟人中間流行。佛教方面的材料，如《善見律毗婆沙》和斯里蘭卡的《大史》顯示，西元前3世紀時，摩揭陀華氏城的阿育王護持了第三次的佛教結集大會。大會以後，目犍連子帝須長老組織了傳法使團,分成九路派往四面八方,其中以須那(Suna)和鬱多羅(Utara)兩位長老為首的使團到了

「金地國(Suvarnabhumi)」傳播佛教。「金地」究竟指什麼地方？歷來的學者爭論不休，但在印度的東方或東南方應該是沒有歧見的。現代學者們傾向於相信它指的是下緬甸或者馬來半島的中部。但泰國的學者認為它就是佛統(Pathon)地區。考慮古代的地理觀念，我們認為金地指的是由下緬甸往東南，經由三塔關入泰國的夜功河流域一帶，是完全合理的事。就是說，佛教的使團當初可能到達下緬甸錫唐河流域之後，繼續南下，越過比勞克東山北端的山口，順夜功河再往南，一路在塞育、北碧、叻丕和佛統而在孟人中間傳法。

佛統，若按巴利文音寫應為"Pathama"，全名為nagara pathama，nagara 意為「城」，pathama意為「最初的、首要的」。其地是否便是印度來的使團在此建立的一座最初的佛教之城呢？考古發掘的資料顯示，那裡最早的佛教遺物，如磚刻銘文、佛塔等，都不早於2世紀。這就離前3世紀太遠了一點。因此穩妥地說，我們認為佛教在西元前後已經從東印度的恆河口的國家傳到了泰國西南鄰近下緬甸的地方。依據中國古代的史料，泰國南部在西元之初的二三百年間才有佛教。如三國時的吳國使臣康泰記載，扶南的近鄰有叫「林陽」的，當時國中有「民十餘萬家」並且「舉國事佛」也就是信奉佛教。[16]不過有學者認為林陽並不在泰國西南部，而在下緬甸的東南。康泰和朱應是三國東吳派往扶南等國的使臣（西元

---

[16] 康泰的原書不存，只是根據《太平御覽》中保留的轉引文字我們知道有此一說。

245年），他們歸國後補撰的記行中還有一個叫「金鄰」的國家，經後人考訂，以為就指今天泰國夜功河流域一帶的、以佛統為中心的孟人國家。學者們還認為這「金鄰」的「金」是意譯，謂其國應產黃金。這就與「金地國」或「金洲」扯到了一塊。因此金鄰就是阿育王遣使弘法的金地。無論是否真如此，姑且存此一說。但佛統地區的孟人很早就信仰佛教，這是肯定的。這個金鄰國在西元5、6世紀時就被新近崛起的扶南給消滅了。

　　大約同一時期從扶南到中國朝貢的使臣們在描述其國的宗教狀況時，也說到當地的確是盛行大乘佛教以及婆羅門教的。百餘年後，當扶南被北方的真臘❼攻擊並兼併而陷入亂離時，金鄰故地的孟人恢復了他們的國家，稱為「墮羅鉢底(Draravati)」。中國史書上稱其為「墮和羅國」或「投和國」❽，還專門講到它信奉佛教。墮羅鉢底的文化中心一度在佛統一帶。

　　墮羅鉢底南面的馬來半島上如盤盤（馬來半島中部猜耶一帶）、哥羅（克拉地峽附近）、狼牙修（洛坤一帶）和赤土（宋卡或北大年），在西元前後就已經有佛教傳入了。到西元

---

❼　中國史書稱此一時期下湄公河流域的扶南為水真臘，而在洞里薩湖以北的高原丘陵地帶為陸真臘。

❽　這是一國二名還是一地衍生出來的二國名，我們已經無從說清了。唐時義淨的《南海寄歸內法傳》上列有「投和」國名，而《通典》一書有「投和國」條。

6世紀時這裡主要流行大乘佛教，但似乎小乘佛教也很受歡迎，當時的東南亞各地是「雜行四部」的，「雜行」指同時並行，四部，指大眾部、上座部、說一切有部與正量部，它們是印度佛教成熟以後最有勢力的幾個部派❶。整個東南亞地區，都被義淨稱作「東裔諸國」而囊括其中了。義淨在注文中說「從那爛陀東行五百驛，皆名東裔……逼近海涯，有室利差呾羅國，次東有朗迦戍國，次東有杜和缽底國，次東極至臨邑國。西方見有，實異常倫。」現代學者們基本共識的意見是，室利差呾羅在下緬甸；朗迦戍即狼牙修，在洛坤地方；杜和缽底即本書幾處提到的墮羅缽底國；而臨邑即越南中部的占婆國。義淨沒有提理應在墮羅缽底和臨邑之間的扶南。

墮羅缽底孟人佛教國家，在9世紀時因不斷受到吳哥高棉人的侵擾蠶食而歸於消滅。到10世紀晚些時候，孟人生活的這一地區又興起一個國家叫做羅斛(Lavo)。羅斛國的中心在湄南河中游的東岸叫做華富里(Lopri)的地方。華富里距離南邊的吳哥太近，深受後者軍事勢力的支配和文化影響。其宗教信仰混雜了吳哥流行的大乘佛教和婆羅門教，也有小乘佛教。

到了下一世紀，即西元11世紀時，蒲甘的阿律奴陀勢力大增，尤其在他攻占了南方的直通孟人國家之後，接過了那裡的上座部佛教衣缽，一度成為了中南半島上的南傳佛教大

---

❶ 我的朋友，大陸北京大學的王邦維教授曾著有《南海寄歸內法傳校注研究》，筆者從該書得益甚多。於此謹致謝忱。

本營。楞伽島上的毗迦耶巴護一世(Vijayabahu I, 1055-1114)時，便到緬甸來延請僧人去楞伽島延續幾近中斷的上座部佛教戒法體系。蒲甘的上座部對於斯里蘭卡產生了深遠的影響。此時的佛教比丘們已經深入了整個緬甸和泰國的北部山地，甚至到達了中國雲南的傣族地區。蒲甘的佛教也成為了泰國中部和南部孟人的法式。

　　我們還是回過頭來看一下此時的北泰佛教國家。第二千紀開頭的時候，這裡已經有三個泰人城邦國家。其中最強大的是蘭納(Lan Na)泰，中國史籍稱為「八百媳婦國」。名字本身就表明了初期的這個泰人國家的部落聯盟性質。這由數以百計的寨子——每寨一個氏族甚至部落——共同組成。許多氏族和部落還是婦女做頭領。按傳說她們都是蘭納國王的妻子，所以才有「八百媳婦國」的稱呼。蘭納泰的前身是清盛國(Chian Saen)。它成立於8世紀之初。最初的清盛國是諸部落聯盟小國，目的只是為了對抗自南面北上的吳哥王朝的勢力。清盛國又稱為「潤那清盛(Yonaga Chian Saen)」，簡稱也就是「潤國」了。潤那的名稱可以推到西元第一世紀。有人說早在阿育王時代即西元前3世紀時就有了「潤那」的地名。因為阿育王時派往四方的弘法使一共九支，其中一支就到了「臾那世界」，臾那就拼寫為"Yona"[20]。當然我們不可能看到西元

───────

[20]　這個臾那世界也是一個很難說清楚的無頭公案。緬甸和泰國的佛教學者都堅持它就在北泰地方，而且就在清盛其地。但印度和西方的一些學者認為應該是在印度次大陸上。

前3世紀時，今天的北泰地方就已經有了佛教，至少我們找不到這樣的證據。但西元5世紀以後，這裡有佛教流傳是可以肯定的。因為在6、7世紀之時，中國的西雙版納地方的傣族就已經接受了從潤國傳進的佛教。傣族人民關於他們的佛教信仰來源的說法還是可信的。

西元10世紀，泰北地方還有幾個不大的泰人國家。如以清萊為中心的帕堯國(Phayao)，還有蘭納泰東南邊的哈里奔猜(Haribunchai/Haripunjaya)，後者以今日的南奔一帶為中心地。哈里奔猜在西元7、8世紀時還是以孟人為主體，到10世紀已經成為了泰人國家。泰北的三個城邦國家──蘭納、帕堯和哈里奔猜都接受了上座部佛教。由於共同的民族、語言和宗教文化，三個國家形成了一個獨特的佛教文化區。這是在當時特殊的政治軍事形勢下，在緬甸蒲甘、雲南大理和吳哥王朝的幾大強國夾縫中出現的泰人政權。在它們的東面有受吳哥支配的寮族地區作為緩衝地帶，在南面則是孟人在為它們遮擋吳哥的鋒芒。

1262年蘭納泰的孟萊王在清邁建立了王都。清邁離原來的清盛國王都約二百公里，但它更加靠近南方。政治中心的南移說明了蘭納泰的版圖已經擴大，並且在向湄南河下游發展。有一點需要加以說明的，此時的泰北除了泰人主體也還有其他的民族，多樣化的民族現實迫使孟萊王不能不採取寬容的宗教文化政策，儘管他積極地倡導上座部佛教，一心要同化境內的各個民族。孟萊王同他那時代的其他東南亞君主

一樣，他的王宮中既有來自吳哥的婆羅門祭師，也有來自孟人地區的上座比丘。由於地緣政治的需要，孟萊同帕堯的昂莫王(Wgam Muang)及素可泰的拉瑪甘亨王(Ramkhamhang, 1275-1317)都保持了良好的關係。雖然他以陰謀和暴力消滅了哈里奔猜，但他隨後在該國實行統治還算是仁慈的。我們可以說他假仁假義，但他畢竟是用佛教的理想來做統治的指導。他同下緬甸的孟人政權——勃固國，以及蒲甘東北的撣人都結成了政治同盟，以應付迫在眉睫的北方蒙古人的軍事威脅。

1296年，清邁城開始建造。但蘭納國的這個王都，在後來的幾百年中間一再易手，成為了阿瑜陀和蒲甘王朝爭奪的籌碼。泰國和緬甸的君主都深知道，誰要是控制了清邁也就控制了泰北，進而也就控制了湄南河中部流域。儘管政治上起起落落，戰火不斷，但蘭納泰的佛教卻一直保存下來，並且發展出了北泰地方特有的佛教藝術。各種各樣的材質的佛像雕刻作品都在這裏產生過。因此有人猜測我們一再說起的玉佛本來就出自蘭納。15世紀以後，蘭納的清萊就再次發現了這尊在吳哥消失了的翡翠玉佛。考古學者們說，蘭納的佛像藝術起初受東北印度的波羅王朝的影響，後期則突出了素可泰的佛像造像風格。

到14世紀下半期，蘭納泰正值膠那王(Keu Na, 1355-1385)統治。他是一位博學而執心佛教的君主。在他的支持下，蘭納從素可泰請來了高僧蘇摩那(Sumana)。蘇摩那在蘭納宏

傳的戒法屬於斯里蘭卡的正統法系。 **㉑**上座部佛教的這一流派，一方面強調通過經典的研究和講習來宏揚佛祖的教說，因此它強調論書的研習闡釋；另一方面，它更主張透過符合佛教法則的造像技巧來表達對於佛陀的崇敬，這樣的態度也就促進了佛像藝術的發展。

　　孟萊王和膠那王統治期間，蘭納泰的上座部佛教發展到了緬甸的景棟地區（當時此地屬於蘭納泰國），又由那裡發展而進入了中國的西雙版納。1369年及1373年，蘭納的比丘弘法使團兩次到西雙版納傳法。

　　15世紀初蘭納泰的一批比丘25人與吳哥的8位上座前往斯里蘭卡求法，他們在那裡的凱拉尼耶河上重新受戒——據說該戒壇是當初佛祖到楞伽島時設立的，因此具有無上的權威性。從此大寺的戒系正式傳到了北泰地區，這就是蘭納的僧伽羅派。 蘭納泰的三界王(Tilokaraja)在西元1441年登基以後，清邁的佛教發展到了一個更高的階段。蘭納泰的佛像藝術至此趨於成熟，頭上佛光作寶珠狀，佛髮造形為螺髻，細腰寬肩，線條流暢，面含微笑。這是斯里蘭卡佛像在泰國的進一步發展。1477年，蘭納泰又進行了一次佛教的結集活動，重新整理了巴利文三藏。這就顯示出蘭納的佛教已經在佛教理論方面有了長足的發展。隨著結集的完成，蘭納本地的佛

---

**㉑**　這一派稱作阿蘭若派，比較講究戒行和學問，也就是佛教中的戒定慧學。戒學中它重視的是苦行，因此他們主張住在叢林中修行；慧學方面他們又重視阿毗曇（論藏）。他們屬於南傳佛教中的森林僧一流。

教僧人的理論創造活動也就活躍起來。蘭納時期大量的佛教
論書湧現出來❷。

## ㈢素可泰時期的佛教

泰人9世紀後才逐步進入湄南河流域的，10世紀時已經有
了部落性質的小國家，它們都附庸於高棉人。13世紀時清邁
和素可泰出現了泰人的國家。北部以清邁為中心有蘭納泰。
它的勢力往西一直擴展到了今日緬甸的景棟一帶。蘭納王國
在17世紀中期依附緬甸東吁王朝，18世紀後期逐漸獨立。19
世紀初其地被曼谷王朝吞併。蘭納王國的南邊是素可泰。它
立國約在13世紀20年代，到第三代君主拉瑪甘亨(1275–
1317)時，國力大增。南邊包括了馬來半島的部分，西面和緬
甸的丹那沙林相接，北面又進入了今日老撾的琅勃拉邦一帶，
東面包括呵叻高原的一部。

泰人的原始信仰屬薩滿教性質的精靈崇拜，到素可泰王
國，它又接受了存在於6到11世紀的墮羅缽底上座部佛教影
響。更早的墮羅缽底在8、9世紀之交，又受到從蘇門答臘的
室利佛逝和爪哇的夏連特拉傳來了大乘佛教影響。墮羅缽底
又曾在11世紀為吳哥王朝吞併，因此高棉人給這裡帶來了印

---

❷　如妙吉祥(Sri Mangala)的《吉祥燈論》(*Mangalathadipani*)；智稱
　　(Nanakitti)的《阿毗達磨釋記》(*Abhidhammayijana*)；寶智(Ratana Panna)
　　的《勝者時鬘》(*Jinakalamalini*)等。

度教及佛教密教。而在泰國北部，同一時期又被緬甸人控制，因此它也接受了蒲甘傳來的上座部佛教。泰人建國之初，上座部佛教正傳遍東南亞。泰人所受的大乘佛教影響便逐漸減弱。14世紀時素可泰接受了巴利文書寫系統，清邁也成了上座部佛教的中心。1431年強大的阿瑜陀軍隊曾攻陷高棉人的首都吳哥。從高棉人那裡，泰人接受了婆羅門教的傳統，但婆羅門教主要限於在王室服務。至於民間，仍然保存了從孟人那裡接受的上座部佛教的影響。

素可泰王朝在拉瑪甘亨（1275-1317在位）王時變得空前強大。他征服了湄南河流域的廣大地區，包括古老的墮羅缽底，並爭取到中國的支持，與高棉人抗衡。他曾多次遣使朝貢元朝，並帶回了中國的製陶手工業技術。拉瑪甘亨特別鼓勵佛教，在征服馬來半島上的洛坤之後，他延請在那裡的斯里蘭卡僧人到素可泰傳法，建立了與錫蘭大寺的法統關係；他還為一位品學兼優的高僧建造阿蘭若寺。於是，大批僧人湧向斯里蘭卡求學受戒，僧伽羅的佛教僧團在素可泰很快占據了主導地位。一塊13世紀時留下的碑銘給我們描述了拉瑪甘亨在世時王法與佛法相互支持共同繁榮的景象❷❸，「由於王的統治，國勢日盛，風調雨順，穀物豐登，國中賦稅甚輕。臣民可以任意買賣或騎乘牲口；想買賣大象的，做馬匹生意的，做白銀交易的都可以從事自己的行當。」銘文上又說，「賢

---

❷❸　*Journal of the Siam Society*, 1971, Vol. 59, pp. 203ff; 另參《上座部佛教的社會政治學》，石井米雄，第109頁。

明正直的國君平等看待貴族與平民。他的宮門外懸著大鐘，
人有不平都可以前往撞擊，國王聞聲便會出來聽取申訴，給
他主持公道……為此，素可泰的臣民們擁護該王。」拉瑪甘亨
王是國中的一切臣民——無論王子王女、男孩女孩、村夫農
婦，一切奉持佛法並遵守雨季安居的儀則的善良子民——的
統治者。

　　銘文中還描述了當時寺廟和佛塔的華麗、各種佛教派別
的活躍，其時比丘們享有崇高地位，所得的布施又極豐厚。
最後，碑銘斷定說：「拉瑪甘亨王是所有泰人的君主。他是教
導人民正確記住善行和佛法的教師。在泰人生活的地方，在
所有人群中間，他是知識、智慧、勇敢和豪邁的力量。他擁
有遼闊的土地和眾多的大象。」當時臣服於他的國家和城市達
二十二個之多。

　　拉瑪甘亨的兒子呂泰（Löthai，1317–1347年在位）繼續
支持佛教發展，曾建造佛陀腳印供人瞻仰，被佛教徒尊為「達
磨羅闍」（法王）。拉瑪甘亨的孫子盧泰王(Lüthai, 1347–1370)
更可以作為一個典型，說明素可泰國家和佛教長老的關係。
當盧泰王從國外迎請摩訶薩彌僧王時，為了將他安置在「芒
果林」精舍，他與百官按照迎接國王的禮儀徒步從首都的東
門護送至西門，所經過的王家大道上方有羅傘，足下有地毯
「以免僧王的腳踩著泥土。」盧泰王也同中國的梁武帝一樣，
數度捨身出家。一塊1362年的碑銘記載，該王在對東面今日
老撾地方發動一次軍事入侵之後，又為他的殺戮行為「深自

追悔」，因而再次到佛寺中去求得內心的寧靜。這裡暗示出他仿效阿育王的意思。盧泰王是虔誠的佛教徒，他曾在宮內自講佛經，1341年放棄王位，在芒果林佛寺出家。他所著的《三界論》保存至今成為泰國重要的佛學著作。他也是泰國第一個放棄君主身分出家為僧的人。素可泰王朝時期，塑造了大量的青銅佛像，著名的有曼谷大舍利寺供奉的清呐那銅佛和善見寺銅佛，這成為泰國中古佛像造型藝術的代表。

1378年阿瑜陀的波隆摩羅闍王(1370–1388)打敗了素可泰的摩訶曇摩羅闍二世(1370–1406)，素可泰的地位淪為阿瑜陀的屬國。到1438年，它終於又被合併到阿瑜陀王國中成為一個行省。

## ㈣阿瑜陀時期的佛教

1359年湄南河下游成立的阿瑜陀是中世紀最強大的泰人國家。它同僧伽羅佛教一開始就保持了緊密的聯繫。阿瑜陀王朝一開始就無保留地接受吳哥的高棉文化，阿瑜陀宮廷中也引進了繁複的婆羅門儀式，並將它同僧伽羅的佛教觀念與素可泰的法王及高棉人的神王觀念一併糅合起來。應該指出，高棉人的文明至少在西元第10世紀之後就不再是純粹的婆羅門教了。阿瑜陀在素可泰的南面，地處湄南河畔，華富里和素攀武里是它的兩個最重要城市。華富里是墮羅缽底故地，其宗教文化當時已經遠播蘇門答臘的室利佛逝國。素攀武里

的佛教藝術已經發展到了一個足以代表阿瑜陀古典藝術的高度。其佛像充分體現了孟人的、哈里奔猜的、高棉的和泰族風格的匯合，稱作烏統藝術。阿瑜陀出現的時代正值北方蒙古人加大了對於緬甸、蘭納甚至素可泰的壓力，東南方面的順哥也開始衰落，這都為阿瑜陀的崛起準備了條件。

拉瑪蒂菩提王（約1350-1369年在位）在烏統附近建立阿瑜陀國。阿瑜陀的王室最初只是一個手工匠人，名字就叫烏統。這個家族來自北武里，但他的部落族人眾多，勢力強大，他很快地又與素攀武里和華富里的統治者結成了親戚關係。他在1351年建立了自己的國家。由於阿瑜陀地處東西方貿易的交通要道，又是湄南河中下游的軍事重鎮，再加之這位烏統善於利用宗教為政治服務。因此，它的勢力很快成長起來。拉瑪蒂菩提王如果同當時的泰人諸國統治者有所不同，就在於他並不完全依仗個人的精力和才能來管理國家。他建立了一套相當完全的官僚體制，並引進了印度教的法論之一的《摩奴法典》，以之當成臣民的思想指導。為了神化自己，他除了引進吳哥的婆羅門教宮廷儀式，還在宮中推行一種以梵語、高棉語為基礎的貴族語言。

從1350年到1787年，阿瑜陀歷代君主一直在同周圍的國家爭戰。1369年，拉瑪蒂菩提王一死，他的國家就陷入了一場曠日持久的權力之爭，內憂外患也就接踵而至。到14世紀末，波隆摩羅闍一世(Boromoraja I, 1370-1388)終於從他的侄兒那裡奪過了政權。這真是又一齣暹羅版的哈姆萊特悲劇或

者明成祖逼走建文帝的故事。波隆摩羅闍很快地使國家強盛
起來，他的治下，阿瑜陀的領土包括了那空沙旺、彭世洛、
甘烹碧和南奔。阿瑜陀一面同吳哥爭雄，一面向北發展。1378
年，阿瑜陀消滅素可泰，成為當時中南半島上的一個強大王
朝。阿瑜陀的軍隊曾三次攻入柬埔寨，1397–1431年間兩次攻
陷吳哥都城。翡翠玉佛就是此時離開吳哥流落到阿瑜陀的。

　　阿瑜陀同西邊的緬甸東吁王朝有過大大小小幾十次的戰
爭。東吁的莽應龍王在1544年就俘擄過阿瑜陀的恰克拉帕王
(Chacraphat)。 200年後，緬甸的雍籍牙王朝的孟駁王(1743–
1774)的軍隊在1745年大舉攻入了大城府 （即阿瑜陀）。 1767
年春天，緬甸軍隊攻破了阿瑜陀城，消滅了這個泰人國家。

　　阿瑜陀耶諸王都崇拜佛教。被緬人破毀的阿瑜陀耶城內
到處都有佛寺廢墟；早期建築的清寺和王宮佛寺則免於兵燹。
1361年迎來斯里蘭卡使臣，上座部大寺系統正式成為國教。
拉瑪蒂菩提王由楞伽島請來大德高僧為泰人僧王，要求泰國
的比丘統一於巴利語聖典，一切威儀行事遵從大寺派規定。
波隆摩羅闍王應斯里蘭卡吉提希里羅闍辛哈王的要求，向那
裡派去了以優波離為首的15名比丘的傳教使團，建立了優波
離教派，即暹羅教派。阿瑜陀耶王國同中國明政府保持著良
好的關係。明洪武十年(1377)，暹羅王的侄兒那空膺來朝，明
廷頒給「暹羅國王之印」。1408年那空膺在位，出使南洋的鄭
和率船隊經過阿瑜陀耶。據馬歡的《瀛涯勝覽》記，暹羅國
「崇信佛教，國人為僧尼者極多。僧尼服色與中國頗同，亦

住庵觀，持齋受戒」。阿瑜陀耶時代的佛教上座部，主要在宮廷中流行，社會下層信奉的佛教仍然側重在符咒法術，上層社會的信仰也帶有祈福的性質。1458年戴萊洛迦納王鑄像500尊，求告佛陀保佑不要再有前一年那樣的饑荒。

# ㈤恰克里王朝的佛教

阿瑜陀耶被緬甸人攻破不久，一個叫做鄭信的中國人後裔（他的母親是泰人）率領義軍抵抗而復國，領導人民收復失地。最終統一了阿瑜陀的故土。鄭信的泰名叫披耶達信，1768年在曼谷對岸的吞武里建都為王。史稱吞武里朝(1768-1782)。達信王原籍廣東，起兵時任達城太守。幼年曾在佛寺讀書，13歲入山毗訶羅寺為沙彌，熟悉巴利文和佛典，通漢語、印地語、緬語和越語。建都以後，作為虔誠的佛教徒，大興佛教。1778年，他率軍征服萬象，繼之占領琅勃拉邦。從萬象迎回了著名的翡翠玉佛像，供養在吞武里。玉佛造於佛滅後400年的印度，內藏佛舍利真身。後經楞伽島、素可泰，輾轉移至萬象，今供奉在曼谷玉佛寺，為泰國佛教的瑰寶。

領導泰人復國的達信王是虔誠的佛教徒。但他晚年性情變得怪戾，時常令臣下感到恐懼。他同僧伽的關係也不和諧，他自稱佛陀再世，一心一意要讓僧伽聽命於自己，結果倒把國內的著名僧人都趕到了對立面。1782年他被屬下的軍人殺死。他的部將當中有一位恰克里將軍，也就是後來做了泰國

國王的拉瑪一世（1782-1809在位）。

　　拉瑪一世將國都遷至曼谷，因此恰克里王朝也稱曼谷王朝。曼谷王朝的歷代國王都奉行佛教，泰國佛教在這裡得到了穩定的發展。拉瑪一世清洗了那些親達信王的僧團上座，整頓僧伽，組織校訂三藏，編纂巴利語詞典。他在1782-1801年間頒布了約十個有關宗教的敕令。拉瑪一世堅持佛教應該受國家的保護和管理，如果僧伽偏離正軌，國王有權加以清理和整頓。他發布的十個敕令，基本精神是要求佛教僧人們嚴守戒律、專心修行。第三和第四號敕令要求比丘們無論遊行到何處都要隨身攜帶證明文書；第五號則說到比丘若犯波羅夷罪應該受到擯出僧伽和其他嚴懲。第十號則說到國王已經對128個犯戒比丘分別給以不同處罰。1788年拉瑪一世召集了僧伽大會，彙集校刊巴利文佛教經典。按泰國自己的計算，這位國王認為整個佛教史上共有九次結集大會，前三次結集在印度；而後的四次在錫蘭；第八次在清邁，是當時的阿瑜陀的國王戴萊洛迦納(Trailokanat, 1448-1488)護持的。拉瑪一世稱自己的這次結集在佛教史上算第九次。

　　拉瑪三世對佛教也很關心。他曾經向佛教僧伽徵詢意見。當時朝廷上有人認為國家向臣民們中的打魚人和酒販子徵稅是變相鼓勵不合道德的職業。國王於是向僧伽徵求意見，後者回答，這些人犯罪在先，國家罰款是為了表示懲戒，因此並不違背佛教原則。

　　1851年有名的蒙固王登基，這就是拉瑪四世（1851-1868

在位）。此前，該王做過27年比丘。他精通三藏論釋，懂得梵文、巴利文和英文。他創立了泰國僧伽中最有勢力的一派——法宗派，強調遵守斯里蘭卡上座部戒律，學習巴利文經典，成員主要是貴族階層，1932年後始允許平民參加。法宗派與傳統的上座部僧伽組成的大宗派，構成泰國佛教的兩個主要派別。現代泰國史的研究表明，蒙固王非常愛好西方近代學術，他身邊也有好些耶穌會傳教士。基督教的傳教方法以及基督教帶來的西方科學知識，對他進行的泰國佛教的改革產生過重大的影響。

　　蒙固王曾敕令在佛統建造了泰國最大的佛塔，鼓勵將法宗派傳到柬埔寨，遣使往印度菩提伽耶求取菩提樹分枝。此後諸王繼續搜集巴利語三藏的各種地方語寫本，進行校勘。1919–1928年，出版了全部三藏注釋和藏外佛典。從16世紀起，泰國受到葡萄牙、荷蘭、英國和法國的殖民主義侵略，1941年又被日本帝國主義占領，1945年日本戰敗後恢復暹羅古名，1949年又一次改為泰國。1932年以來，各部憲法原則上承認宗教信仰自由，但規定上座部佛教為國教，國王必須是佛教徒。每個男子一生中必須出家一次，以取得成年人資格。佛教徒占總人口的95%，寺院2.5萬多座，佛塔10萬座以上。

　　佛教在泰國傳統地被稱作國家宗教，雖然泰國近代制定的所有憲法都承認，王國中所有臣民有權信奉別的宗教。因此，今天的泰國也有諸如伊斯蘭教、印度教、錫克教和基督

教的信仰等。不過，95% 以上的泰國居民都是佛教徒。理論上，所有宗教信仰都受國家保護。泰國國旗的紅藍白三色當中，白色所象徵的便是該民族的信仰——佛教。泰國王室有自己的佛寺，每逢佛教節日或國家慶典，王室成員都要到王家佛寺禮佛膜拜。母旺尼威寺便是王家的佛寺。王室也積極參與和支持全社會的佛教活動。泰國的佛教宗派有二，一是法宗派，它從根源上便起於王室成員。另一派的歷史要長一些，稱大宗派。

# 四、老撾的南傳佛教

說到老撾，我們又不得不時時回到蘭納王國上面來。當然老撾是一個比蘭納要悠久得多的古老王國。早在西元1世紀時，中國的史籍稱這個國家為「哀牢」，其時國中人口已有50萬之多。西元5世紀以後，它成為扶南的屬國，以後又成為真臘、吳哥的屬國。直到14世紀法昂重建南掌國後，還在許多年中間依附於吳哥。

1520年，15歲的菩提薩羅王(Bodhisara,1520–1550)登上了琅勃拉邦的王座。新王是一位虔誠的佛教徒，他在國內禁止所有的淫祀，一些山神樹精之類的神龕被他扔進了湄公河，他下令從王都驅逐了所有的巫師。這位正信的國王以後娶了蘭納國孟雍王(Muang Yuon)的女兒，他們所生的兒子16歲時

得以繼承他外祖父的蘭納國王位。而在此前，菩提薩羅王自己和孩子的母親——那位清邁的公主——就兼任了清邁的蘭納國攝政王。塞塔提羅王（Sethadhiraja, 1547-?）很早就離開南掌國到清邁去執政。但三年之後，他的父親菩提薩羅王去世，年輕的國王立即啟程到琅勃拉邦去料理老撾的政事。因為不知道自己何時才能回清邁來——也許他已經不打算再回清邁？——他把翡翠玉佛也就隨自己帶到了南掌（這是老撾前身的名稱）的王都。這尊玉佛供奉在南掌城中。

　　但在琅勃拉邦待了不到三年，塞塔提羅王便聽說昔日的蘭納已經有好幾個真真假假的遠房親戚在策劃取他而代之，僭稱蘭納泰的國王了，而且好些婆羅門祭司已經在準備為這些人主持加冕禮了。塞塔提羅王再坐不住了，他只得帶領一支隊伍前去清剿。不巧的是，一開始他就出師不利，大敗而歸以後，連琅勃拉邦也保不住了，只好再攜帶玉佛逃往更南面一點的萬象。按《玉佛傳》的說法，由此而萬象便國泰民安，佛法興盛。塞塔提羅王的餘生也都在萬象度過。但是《玉佛傳》在敘述翡翠玉佛到萬象似乎又與我們的猜測出入很大。

　　據說還在孟萊王統治蘭納王國時，在他死前的那一年，玉佛就在清萊被發現了。新王森方坎王(Sam Fang Kaen, 1373-1416)立即把佛像迎到王家寺院供奉起來。孟萊王死後清邁國歷盡內憂外患，多虧了玉佛才使森方坎王渡過了最艱難的日子。我們知道，蘭納國的上座部佛教是由孟萊的父親——膠那王樹立起來的。經過了半個多世紀，上座部佛教已

經深入蘭納人心了。可以想見聽說玉佛在清萊出現時，這位森方坎王有多喜悅。但幾乎與此同時，鄰國南掌的法昂王(1357-1373)派來了使者，說是要迎取翡翠玉佛到他的國家去供養。此時的南掌國是北泰和老撾的強國，國勢正在方興未艾之時，有誰敢違逆他的意思呢？

法昂王出身於川東川通國（老撾的前身）王家，但因不能見容於他的父親而很早就背國離家，投到南面的吳哥王廷中去。他得到柬埔寨國王闍耶跋摩九世（1327-1353?）的寵愛，娶了後者的女兒為妻。以後在柬埔寨軍隊的支持下，率軍打回琅勃拉邦，迫使其祖父自殺。然後改國名為南掌（或譯瀾滄）。法昂在14世紀中後期東西征戰，使蘭納向自己稱臣，又統一了老撾全境，在中南半島上與阿瑜陀和吳哥平分秋色。

《玉佛傳》這麼講述珍貴的佛像離開清萊以後的去向：當載著玉佛的大象來到往萬象或往南邊的南奔城的道路分岔口時，無論怎樣都不肯往萬象去。結果玉佛到了南奔，並在那裡一直供養到1468年。 此時的蘭納已經是三界王(Tilokaracha)在統治了。三界王有力地抵抗了阿瑜陀國對蘭納的進攻，洗清了以往從後者那裡受到的屈辱。他的國勢強大，因此玉佛便從南奔再次迎回到清邁王城，供奉在大支提寺中。三界王加強他與斯里蘭卡佛教的關係，除了延請僧人，結集整理佛教三藏，起寺造塔之外，經他請求還從斯里蘭卡的古都阿魯拉達普羅迎來了一枝原出於印度菩提伽耶的菩提樹枝。據說這是為了紀念佛教在人間流傳二千年，也象徵著蘭

納已經成為佛教正法的中心。儘管阿瑜陀不斷地派兵攻打它的北方鄰國，儘管西面緬甸的撣邦也在覬覦蘭納的領土，但玉佛始終護持著蘭納王國的國運昌盛。到了16世紀初的孟覺王(Muang Kaeo)時，蘭納的佛教不僅完全僧伽羅化了，而且在義理的研究上達到了當時東南亞的最高水平。

蘭納的輝煌似乎也從此走到了盡頭。蘭納的第十五代君主孟覺王是被他兒子廢黜的。新王殘暴而無能，很快被反叛的臣下殺死了。又由於他沒有子嗣，所以發生了本節開頭所說的，由於他有一位已經嫁到鄰國琅勃拉邦去的姑姑，所以姑父菩提薩羅王也就代他的兒子——後來的塞塔提羅王——提出了繼承蘭納王位的要求。

法昂王晚年被他的兒子廢黜。這位南掌國新王叫桑森泰(Sam Saen Tai, 1373–1416)，他娶阿瑜陀王的公主為妻，在國內實行了阿瑜陀的政治制度和官僚制度，尤其學會利用印度教的神王和佛教的轉輪王觀念為自己服務。桑森泰王也算是一代英主，在他的治下，因為同鄰國蘭納和西北面的景洪的傣人政權都結成了良好的政治關係，南掌得以享受了長期和平。儘管後來它東面的安南國王不斷對它威脅，但到了1479年以後，安南由於自己國內的麻煩而停止了對南掌的騷擾。到菩提薩羅王時，南掌發展了同安南的友好關係，也就進一步鞏固了它在湄公河上游的政治地位。為了更容易同南方各國做生意，菩提薩羅王將首都從琅勃拉邦往南遷到了萬象。《玉佛傳》說他平毀淫祠、驅逐巫師就是這個時候。這位南

掌國王擅長於政治外交，他對西邊雲南的景洪政權、蘭納，南邊的阿瑜陀和柬埔寨，西邊的安南和占婆都能應付裕如。南掌於是達到了它脆弱的強盛時代。

但是世事難測，南掌的好時光隨著菩提薩羅王一世去世就要結束了。他在蘭納做國君的兒子塞塔提羅攜帶那尊玉佛一回到萬象，蘭納的動亂便起來了。老孟萊王的一個後人，一位分封在今天緬甸撣邦的（當時叫賴邦）梅庫提王子（Meku-ti）1551年帶兵進入清邁做了蘭納主人。為了對抗東方的敵人──南掌的遠房兄弟，他向緬甸的莽應龍（Bayinnaung, 1551–1581）稱臣，於是從1564年以後，蘭納成為了緬甸人進攻阿瑜陀和南掌的軍事前哨。本書在前面已經說過，阿瑜陀在16世紀一直是緬甸人的死敵，莽應龍在世時一直覬覦著肥沃的湄南河流域南面的寬闊出海口。莽應龍最終還是攻破了阿瑜陀城，並在一個時期內在那裡扶持著一個來自彭世洛的傀儡。這一時期只有南掌國還保持了相對的獨立。

1564年，塞塔提羅王將翡翠玉佛由琅勃拉邦轉移到了萬象。但到了1570年，這位塞塔提羅王在一次出征打仗時被部下殺死。南掌國從此陷入了無窮無盡的權力之爭，直到1591年，他的兒子重新爭得了統治權。但南掌國家的統一是到了1637年蘇里昂旺沙（Souligna Vongsa, 1637–1694）掌權以後的事了。蘇里昂旺沙王死後，老撾便分裂為琅勃拉邦和萬象兩個王國。萬象又由於與緬甸和阿瑜陀的關係密切而明顯占有上風。在緬甸攻入阿瑜陀城，泰國陷入內亂以後，1774年泰

國的達信王起兵收復阿瑜陀，驅逐了緬甸軍隊，琅勃拉邦與達信王結成聯盟，萬象的厄運也就到了。1778年，還在達信王下面做將軍的恰克里率軍攻破了萬象城，他載著翡翠玉佛和那尊琅勃拉佛連同戰利品回到泰國。但這兩尊佛像並未送回阿瑜陀城，而是回到了達信王的大本營——叫做吞武里的地方，供奉在阿隆（黎明）寺中。吞武里城與今天的曼谷市都在湄南河口，隔河相望。

又過了兩年，早年也稱得上英武的達信王，威望已是江河日下。他的性格變得孤僻、偏執，加上多疑，弄得臣下都怕同他見面，他與僧伽長老們的關係也非常惡劣。據說，恰克里將軍在往南方洛坤一帶征討叛亂時，吞武里的朝臣們謀殺了達信王。恰克里將軍再從馬來半島回來，也就黃袍加身成為了恰克里朝——亦即曼谷王朝的開國君主拉瑪一世。為了使自己的政權獲得神聖性，拉瑪一世充分利用了印度教和佛教。作為護法的開明君主，他對僧伽的整頓和佛教經典的校訂都顯示了他與佛教的深刻關係，從而得到了佛法的護佑。又為了表示他的政權同以往泰人國家的繼承性，他在曼谷修建的王家寺院是從阿瑜陀一磚一瓦拆了舊廟運到新的王都來重建的。1784年3月22日，在上座長老們選定的吉日，他將翡翠玉佛遷進了王家的阿隆寺，俗稱玉佛寺。於是我們關於玉佛的故事也就劃上了圓滿的句號。

這尊佛像最先在北印度的華氏城雕造，以後到了斯里蘭卡，11世紀時因為楞伽島的統治者要同緬甸蒲甘王朝結盟，

而把玉佛作為禮品打算送給緬甸國王。但後來它卻神祕地到
了吳哥；15世紀初阿瑜陀攻破了吳哥國都，於是玉佛再次流
入泰國中部或北方，在各個阿瑜陀王的藩王邦國中輪流受供
養。最終又到了蘭納國的首都清邁。不久又隨去老撾接受王
位的蘭納塞塔提羅王到了琅勃拉邦，而後到了萬象。再從那
裡隨戰勝的恰克里將軍——後來的曼谷王朝的拉瑪一世，來
到泰國。一尊玉佛在東南亞的歷史旅行，象徵了南傳佛教從
印度次大陸向東南亞傳播的過程。既表徵了宗教與中世紀南
亞和東南亞政治的不可分離的關係，也表徵了宗教與世俗社
會的深刻聯繫。

# 第四章

# 南傳上座部佛教的經典和社會習俗

佛教同社會的聯繫如此緊密，
它的儀式制度，
甚至宗教觀念，
都同東南亞和斯里蘭卡傳統農業社會的
生產生活節奏融合起來，
表現在不同的節日性的時令節氣的安排上，
也表現在人生週期變化的設計上。

# 一、南傳佛教的經典

　　佛教律藏的《小品》和斯里蘭卡古代佛教史籍《島史》和《大史》可以證實：佛陀去世後，他留下的僧伽在數百年中間曾舉行過三次佛經結集(Sangiti)。第一次結集是在佛陀逝世後不久，結集地點在王舍城。這次結集由迦葉主持，優波離誦出戒律，得到僧伽認定後便是律藏；阿難誦出佛所說法，確定後便是經藏。第二次結集則在佛陀逝世後一百年，在吠舍離城舉行的。這次結集，據說是因為僧團發生了爭論，究竟哪些戒律必須持守，哪些又可以視為權宜。跋耆族比丘提出戒律上有「十事」(dasa vatthuni)可以實行而不違背佛戒；而以梨波多(Revata)為首的上座比丘堅決反對。這次結集審定律藏和經藏，宣布「十事」非法。佛教由此發生分裂，反對「十事」的一派為「上座部」，贊成「十事」的一派為「大眾部」。第三次結集是在佛陀逝世後二百年，地點在華氏城。贊助這次結集的是有名的阿育王，主持者是上座比丘目犍連子帝須(Moggaliputta Tissa)，論藏似乎是此時才正式形成的。由是有了三藏——律藏、經藏和論藏。向四面八方派遣傳法使團也是這次會後的事。本書前已說過阿育王的兒子摩哂陀率領傳法的比丘們來到斯里蘭卡，開始了楞伽島上的最初佛教。

　　印度古代的經典往往是師弟之間口耳相傳。學者們認為

在阿育王時期（前3世紀）舉行的第三次佛經結集，並不一定就有書寫本。此時的三藏還是憑僧人們的頭腦來記憶的，因此會誦佛教經典才會一再發生，那是古代的校刊方式。阿育王結集時使用的語言應當還是摩揭陀語。以後的巴利語就是依據這種語言而在錫蘭形成的宗教經典語言。

依據《大史》，摩哂陀到達斯里蘭卡後，舉行過一次結集，由留學印度回國的僧伽羅族上座比丘阿梨多(Arittha)吟誦佛典。摩哂陀還將三藏經典的注疏翻譯成僧伽羅語宣講。後來，斯里蘭卡國王伐陀伽摩尼(Vattagamani Abbaya)在位期間（西元前1世紀末），上座比丘羅吉多(Rakkhita)主持，將全部三藏連同注疏用文字記下。三藏經典依舊是摩揭陀語，只是用僧伽羅字母拼寫。三藏注疏則是早先由摩哂陀譯成的僧伽羅文。這樣，一直傳到覺音的時代，覺音又把這些僧伽羅語注疏還原成摩揭陀語。

覺音確認上座部佛典語言是摩揭陀語。按照《大史》的記載，覺音出生在摩揭陀國的菩提伽耶(Bodh Gaya)——緬甸人認為他是勃固一帶的土著，這點本書前面也指出過了。他精通上座部三藏經典。他在寫作中，為了利用三藏僧伽羅文注疏而去斯里蘭卡。在阿育王之後，佛教部派有更進一步的發展，尤其大乘佛教出現以後，佛典語言採取了梵語梵文，使得摩揭陀語的「原始佛典」在印度本土反而失傳。以巴利文為經典形式的南傳佛教便在斯里蘭卡和東南亞保存至今。在現存各種語言的佛典中，巴利文佛典的時間最為古老，往

往保留了研究原始佛教和摩揭陀傳來的上座部佛教的早期信息。

# ㈠巴利語三藏

巴利語三藏分為律藏、經藏和論藏。「藏」(Pitaka)的原義是「篋」或「筐」，既可理解為儲存佛經貝葉寫本的竹篋或竹筐，也可取其譬喻義，理解為佛經的編輯方式。

首先是律藏(Vinayapitaka)是有關佛教教規和戒律的經文彙編，分為《經分別》、《犍度》、《附隨》三部分。

《經分別》(Suttavibhaga)分為《大分別》和《比丘尼分別》兩部分。這兩部分的核心是戒本(Pātimukkhā)。音譯為波提木叉，意譯解脫戒。《大分別》(Mahāvibhaga)講述有關比丘的227條戒規；《比丘尼分別》(Bhikkhunīvibhaga)講述有關比丘尼的311條戒規。在每月的望日和朔日（即陰曆每月的十四或十五和二十九或三十）， 佛教僧人們要舉行 「布薩」 (uposatha)集會，背誦並講解波提木叉戒經。然後比丘和比丘尼都反省自己在過去半月內的行為是否合乎戒律要求，犯戒者必須當眾懺悔並接受處分。

波提木叉戒的條規依罪性和所受處分列為輕重不同的八類：波羅夷、僧殘、不定、捨墮、單墮、波胝提舍尼、眾學和滅諍。《經分別》中說，這些戒規是佛陀為僧伽親自制定的。該經敘述每條戒規時，都有緣起的說明，交代制律的原委。

例如，在第一條波羅夷（淫戒）的背景是這樣的：吠舍離一位富商的兒子名叫須提那，聽佛說法，皈依佛陀，加入僧團。後來，他的妻子乞求他讓她生個兒子，以便繼承家產。他滿足了妻子的願望。事後，他也深切懺悔。佛陀批評他也就為後來的人成立了禁淫的戒規，如有犯淫戒者屬於波羅夷罪，必須從僧團驅逐出去。

《犍度》(*Khandhaka*)也是有關僧團教規和戒律的經文彙編，具體說是對《經分別》的補充。《犍度》分為《大品》和《小品》兩部分。《大品》(*Mahāvagga*)包含十犍度，講述有關出家受戒、布薩、雨季安居、衣服、食物和藥物等等規定。《小品》(*Cullavagga*)包含十二犍度，講述有關犯戒、處分、平息紛爭和各種日常生活用品的規定。在《犍度》中，針對種種戒規的緣起，給予背景性的說明，這本身就成為一些佛教故事。例如，《大品》第八章《衣犍度》中講述王舍城一位名妓的私生子耆婆，長大後成為一個醫術高超的名醫，治愈了許多病人。有個富商得了重病，久治無效，遂向耆婆求治，耆婆問病人能不能做到左臥、右臥和仰臥各七個月。病人答應能夠做到。於是，耆婆給他行開顱術，取出兩條蛆蟲，再縫好傷口。不過後來病人朝每個方向各躺了七天，三七二十一天以後他痊愈了。耆婆事後說，如果不預先要求他朝每個方向躺七個月，恐怕病人連七天也躺不住的。這個故事結尾講耆婆向佛陀贈送衣服，由此引出有關比丘衣著的戒規。《附隨》(*Parivāra*)是律藏的附錄部分，共有十九章，對《經分別》

和《犍度》中的戒規進行概述或分類解釋❶。

其次為經藏(Suttapitaka)。經藏是佛陀教說的內容彙編，分為五部經典，即《長部》、《中部》、《相應部》、《增支部》和《小部》；或稱五部尼迦耶(nikāya)亦即《長尼迦耶》、《中尼迦耶》、《雜尼迦耶》、《增一尼迦耶》和《小尼迦耶》❷。「尼迦耶」的本義為部類。它是上座部用來對巴利文經藏加以分類的方式。巴利文經藏中的《小部》在沒有對應漢譯阿含，但部分相應的經文卻是有的。

《長部經典》(Dighanikāya)共收有三十四部篇幅較長的經，分為三品──《戒蘊品》、《大品》和《波梨品》。

《長部經典・戒蘊品》中有：

1.《梵網經》講述佛陀帶著五百比丘在王舍城和那爛陀之間遊行，評述當時社會中流行的沙門思潮。其中關於世界和靈魂的過去和未來的各種觀點共六十二種。

2.《沙門果經》說佛陀在王舍城向摩揭陀國王阿闍世解答問題。涉及「六師外道」。

3.《阿摩晝經》中佛陀在喬薩羅向阿摩晝說釋迦族的光榮歷史，並強調戒定慧三者的重要。

❶ 漢譯佛教經典中與巴利文律藏相對應的有《四分律》、《五分律》、《十誦律》和《摩訶僧祇律》等。但因所屬部派不同，內容也略有差異，當然基本內容是一致的。

❷ 漢譯佛經中的《長阿含經》、《中阿含經》、《雜阿含經》和《增一阿含經》，與巴利文經藏前四部尼迦耶相對應。內容也大致相當，但編排和歸類有所不同。漢譯經典中沒有《小部》。

4.《種德經》中佛陀詳述戒定慧的意義。

5.《究羅檀頭經》中佛陀說戒定慧比婆羅門祭祀禮儀有價值。

6.《摩訶梨經》中佛陀對離車族人摩訶梨說明佛法的價值不在神通，而在四聖諦的解脫意義。

7.《者利經》的大旨同前《摩訶梨經》。

8.《迦葉獅子吼經》講佛如何說服苦行者迦葉並宣揚佛教的戒、心和慧。

9.《布吒婆樓經》敘述佛陀在舍衛城給孤獨園對布吒婆樓為首的遊方僧講說佛法。

10.《須婆經》是阿難應婆羅門青年須婆之請說法。講述如何修習戒定慧而達到解脫。

11.《堅固經》中佛陀向一個叫堅固的長者說他對神通的看法。

12.《露遮經》講佛陀說服婆羅門露遮，使成為優婆塞。

13.《三明經》佛陀分析了三吠陀的學問並說四梵住法，修慈悲喜捨四種心。

《長部經典·大品》中有：

14.《大本經》中，佛憑天耳通得知眾比丘在法堂議論，便前去給眾比丘講述過去七佛的功德事跡。

15.《大緣經》中，佛向阿難解說緣起法：「緣名色有識，緣識有名色，緣名色有觸，緣觸有受，緣受有愛，緣愛有取，緣取有有，緣有有生，緣生有老死，緣老死有愁悲苦憂惱，

於是有一切苦蘊集」。

16.《大般涅槃經》講佛般涅槃前後的事跡。這是南傳佛教中非常重要的經典。

17.《大善見王經》講佛般涅槃前說明了大善見王的前世因緣功德。「諸行無常，生滅為法，生滅滅已，寂滅為樂。」

18.《闍尼沙經》中，佛對叫闍尼沙的藥叉說法。

19.《大典尊經》說佛陀前生曾是婆羅門，名大典尊，該經強調出身家修習八正道法。

20.《大會經》中，佛陀在迦比羅城大園林向眾比丘描述眾天神的名稱和特徵並使諸比丘降伏魔軍。

21.《帝釋所問經》中，佛陀為帝釋天說法。

22.《大念處經》是佛陀在拘樓國教導眾比丘如何修習四念處法，所謂四念處指身念處、受念處、心念處和法念處。目的是調身治心，而得解脫。

23.《弊宿經》講述弊宿王如何不信到完全接受來世再生和善惡果報。

《長部經典·波梨品》中有：

24.《波梨經》中，佛批判了追求神通的修行比丘並向薄伽婆解釋了四種世界起源說——梵天說、戲嬉說、意亂說和無因說。

25.《優曇婆邏獅子吼經》中，佛講述如何和為什麼修習清淨苦行。

26.《轉輪聖王獅子吼經》是重要的南傳佛教經典，其中

揭示佛教正法與現實政治和世俗國家的相互依持關係。

27.《起世因本經》是佛教關於宇宙生成論的理論表述，也是極重要的經典。

28.《自歡喜經》中，舍利弗讚歎佛陀宣說的一切正法，如四念處、四正勤等等。

29.《清淨經》中，佛陀告誡比丘們要愛護僧伽的和合，要關注修習正法，不要捨本逐末，忘記出家修道的根本目的。

30.《三十二相經》說的是世尊的三十二大人相及功德。

31.《尸迦羅經》也是南傳佛教的重要經典。關係到世俗信眾的社會倫理道德原則。

32.《阿吒曩胝經》中，以北天王毗沙門為首的四天王保證要護持佛教和一切信奉佛教的四眾弟子。佛陀對此加以讚賞。

33.《等誦經》中，舍利弗以名數總結佛陀的佛法。

34.《十上經》中，舍利弗以名數為眾比丘說法。從一至十列舉法數共有十種。

《中部經典》(*Majjhimanikāya*)收152中等篇幅的經，分為三編——《根本五十經編》、《中分五十經編》和《後分五十經編》。其內容涉及佛陀的基本教義，如四諦、業論、無我、禪定和涅槃等。

《雜部》(*Samyuttanikāya*)收有二千八百多部經，分為五品——《有偈品》、《因緣品》、《犍度品》、《六處品》和《大品》，分列為五十六集。

「雜」(Samyutta)的巴利文原義是「相應」「集合」的意思。具有同一類型的經典歸入一類的意思，並沒有「雜亂無章」或「蕪雜」的涵義。因此也可譯為《相應部》，該部中的第一品經文主要說佛教倫理，其他四品涉及廣泛佛教教義。

《增一部經典》(Aguttaranikāya)收有二千三百多部經，分為十一集。從內容出發依經的論題為數，數目相同的歸入一個集子。與漢譯《增一阿含經》的編排原理是一樣的。

《小部經典》(Khuddakanikāya)的編定時間晚於前四部南傳經典，它具有補遺性質。其中有十五部經，分別為：

1. 《小誦》九篇短經，供比丘日常誦讀和禮贊祈禱。

2. 《法句經》是一部在佛教徒中廣為流傳的格言詩集，分26品共423頌。

3. 《自說經》(Udāna)。

4. 《如是語經》(Itivuttaka)。

5. 《經集》(Suttanipāta)。

6. 《天宮事經》(Vimānavatthu)。

7. 《餓鬼事經》(Petavatthu)。

8. 《長老偈》(Theragāthā)。

9. 《長老尼偈》(Therīgāthā)後二者比丘和比丘尼們所寫的證道或生活的詩集。

10. 《本生經》(Jātaka)收有547個佛本生故事，包含許多民間傳說和寓言故事，成為一部規模龐大的故事總集。

11. 《義釋》(Nidesa)是對《經集》中有關經文的注釋性文

字。

12.《無礙解道》(*Patisambhidāmagga*)論述佛教的解脫真理。

13.《譬喻經》(*Apadāna*)講述比丘和比丘尼們的前生故事。

14.《佛種姓經》(*Buddhavamsa*)講述釋迦牟尼佛以前二十多位過去佛的事跡。

15.《所行藏經》(*Cariyāpitaka*)有佛本生故事35個。

最後,南傳的《論藏》(*Abbidhammapitaka*)是有關總結和闡釋各種佛教教義或概念的經文彙編,共有七部:

1.《法集論》(*Dhammasagani*)共四品,對諸法進行分類闡釋。

2.《分別論》(*Vibhaga*)分為十八品,說蘊、處、界、諦和根等十八種法相。

3.《界論》(*Dhātukathā*)分為十四品,述五蘊、十二處、十八界、四念住、四諦、四禪和五力等。

4.《人施設論》(*Puggalapaati*)分十品,討論人的聚合狀態。

5.《論事》(*Kathāvatthu*)二十三品,有217論,以上座部佛教的觀點批駁其他部派佛教的種種觀點。是研究部派佛教的時代背景,理論分歧等原始資料的重要來源。

6.《雙論》(*Yamaka*)分為十品,以問答形式對於法加以聯繫和二分的對待討論。

7.《發趣論》(*Patthāna*)以二十四緣分析諸法存在的依據。

# (二)藏外經典

　　除了三藏，巴利語經典還有藏外作品。這主要指巴利語三藏編定之後的各種巴利語佛教典籍，注疏、歷史、概要、詩歌、語法修辭和字典之類著作。它們大多產生於斯里蘭卡。例如《指導論》(*Nettipakarana*)是一部佛經解釋學著作，主要論述十六種聯繫範疇(hāra)、五種考察方法(naya)和十八種基本論題 (mūlapada，「根本句」) 及其在佛經注疏中的應用。本書作者為摩訶迦旃延那(Mahākaccāyana)，但近世學者認為不一定就是同名的那位佛弟子。也許它產生的時間在西元前後。

　　《藏論》(*Petakopadesa*)的作者也是摩訶迦旃延那。本書可以視為《指導論》的續編，即運用十六種聯繫範疇、五種考察方法和十八種基本論題解釋三藏，並認為四聖諦是佛教的核心論旨。

　　《彌蘭陀王問經》(*Milindapaha*)記述希臘裔國王彌蘭陀(Milinda)與印度高僧那伽犀那 (Nāgasena，意譯龍軍) 之間的對話。彌蘭陀王在西元前二世紀統治西北印度。本書在講到玉佛的緣起時，已經提到了這部南傳佛教的重要著作。《彌蘭陀王問經》敘說了彌蘭陀王和那伽犀那的本生故事，彌蘭王和龍軍長老的對話幾乎討論了所有當時出現的關佛教教義的問題。它可能是當代最有影響力的藏外佛典。

　　佛授、覺音和法護是藏外佛典的重要作者。佛授（Bud-
dhadatta，亦名佛陀達多）撰寫的佛教概論和佛典注釋著作有
《入阿毗達摩論》(Abhidhammāvatāra)、《律考》(Vinayavinic-
caya)、《後律考》(Uttaraviniccaya)、《色非色分別論》(Rūpā-
rūpavibhāga)和《妙義光》(Madhuratthavilāsinī，即《佛種姓
經注》)。覺音（Buddhaghosa，亦名佛音或佛鳴）與佛授是同
時代人。他5世紀時到斯里蘭卡學習研究巴利語三藏的僧伽羅
文注疏，時值摩訶那摩(Mahānāman)在位。他在大寺撰寫了著
名的《清淨道論》(Visuddhimagga)。這部論著提綱挈領地總
攝全部巴利語三藏理論結構，以戒、定、慧三個主題來概括
全部佛學。覺音幾乎為全部巴利語三藏佛典都作了注釋，像
《一切善見律注釋》、波羅提木叉的注釋書《解疑》、注釋長
部經典的《妙吉祥光》、注釋中部經典的《破除疑障》、注釋
《小部·經集》的《勝義光明》和《法句經義釋》等等。覺
音是南傳佛教史上最重要的學者和注釋家。稍晚於覺音的是
另一佛教學者法護（Dhammapāla，達磨波羅），他為覺音未
曾作注的幾個小部中的經文即《自說經》、《如是語經》、《天
宮事經》、《餓鬼事經》、《上座僧伽他》、《上座尼伽他》和《所
行藏經》都作了注釋，總稱為《勝義燈》。

　　巴利語佛教概要入門書，除了覺音的《清淨道論》、佛授
的《入阿毗達摩論》和《色非色分別論》外，還有法護(Dhamma-
pāla)的《諦要論》，它論述色、受、心轉、心亂和解脫。11、
12世紀時的阿耨樓陀(Anuruddha)的《攝阿毗達摩義論》對色

心二法及涅槃都有精要的論述。阿耨樓陀還有兩部重要著作《名色差別論》和《勝義抉擇論》。此外還有凱摩遮利耶(Khemācarya)的《名色概要》。摩訶沙密(Mahāsāmī)的《小學》和達磨希利(Dhammasiri)的《根本學》是有關戒律的概要書。

在巴利語歷史著作中，最重要的是《島史》、《大史》和《小史》。《島史》(Dīpavamsa，或譯《島王統史》)寫於4、5世紀之間，文體以偈頌為主，作者不詳。《島史》記敘佛陀三次訪問斯里蘭卡、佛陀的譜系、第一次和第二次佛教結集、佛教部派的產生、阿育王時期佛教第三次結集和摩哂陀來到斯里蘭卡傳播佛教，還記敘斯里蘭卡歷代國王的事跡。《島史》中充滿了大量的神話和傳說，對於後來斯里蘭卡民族文化的建立起過巨大的歷史作用。《大史》(Mahāvamsa，或譯《大王統史》)寫於6紀。《大史》的敘事內容與風格，與《島史》大體相同。《小史》(Cullavamsa，或譯《小王統史》)是《大史》的續編，記敘從4世紀直至18世紀歷代斯里蘭卡王朝的興衰。但它不是一人一時的作品，而是由不同時代的多人續編而成。它的文體風格明顯受到梵語的影響。

其他巴利語史傳著作有烏波帝沙(Upatissa，年代不詳)的《大菩提史》(Mahābodhivamsa)、13世紀時婆吉薩羅(Vācissara)的《塔史》(Thūpavamsa)、13世紀的法稱(Dhammakitti)的《佛牙史》(Dāthāvamsa)、佚名作者的《訶多伐那伽羅寺史》(Hatthavanagallavihāravamsa)、14世紀時摩訶曼伽羅(Mahāmagala，約十四世紀)的《覺音傳》(Buddhaghosuppatti)、

法稱(Dhammakitti)的《妙法攝記》(*Saddhammasmgaha*)以及近代作者的《六髮舍利史》(*Chakesadhātuvamsa*)、《文獻史》(*Gandhavamsa*)和《教法史》(*Sāsanavamsa*)。

# 二、南傳佛教社會中的節日及
# 社會風俗

　　本書在這裡主要介紹一些在泰國社會中還流行著的佛教生活場景。所以要開闢這麼一節文字來談南傳佛教社會中的宗教生活或習俗，就是為了消除一個誤會：讀過了前面的幾章文字的朋友會以為，斯里蘭卡、緬甸、泰國、老撾、柬埔寨的上座部佛教形態，會完全遵循佛教的經典或佛陀的基本教義。認為原始佛教的基本教說——涅槃、四諦、八正道——仍然刻板地支配著那裡人們的社會生活。到過泰國或緬甸的旅遊者，如果細心一些，就會注意到那裡的人民和社會生活，同臺灣或者香港或者日本的佛教流行情況很有些相似之處，現代化已經部分地銷磨了人們以往的虔誠，世俗化同樣深入地侵蝕了人們的靈魂。比如說，那個社會中披剃出家的年輕人，目的似乎並不是尋求智慧，而只是順從父母的意思；寺廟中雖仍有僧人行禪定，但那種寧靜與平和，似乎已經給旅遊者的喧囂壓過去了。每逢節日，寺廟中甚至會放搖滾音樂；

城裡的和尚有的出入坐著高級轎車，手裡拿著行動電話。新
聞媒體上時不時有一些關於僧人的桃色新聞；而鄉下寺廟大
都亂七八糟的，道風嚴謹、環境整潔的寺廟已經不多了；儘
管僧人們也還禮拜佛像，也做觀想禪定或者主持驅魔除邪、
禳災解難的法事，但這些都不像是為了求涅槃，多半是做給
世間人看的，才好得他們的尊重和供養。南傳佛教理想中的
高遠目標，如果與今日東南亞社會中的宗教現狀和社會風氣
兩相對照，會使懷著理想主義的旅遊觀光者覺得沮喪。

　　20世紀初，麥克斯・韋伯(Max Weber)就曾經感受到了這
種理論的或理想的宗教與現實的反差。他把它稱作「彼岸世
界的神祕主義」——早期印度佛教的目標；另一邊則是西元
3世紀的阿育王和他之後的佛教君主們統治下的大眾化和國
教化了的佛教，後者的目標看上去是肯定現世的、注重實際
的❸。晚近研究緬甸佛教的西方學者有的也主張緬甸的佛教
分為文化制度 (Cultural Institution)和倫理體系(Ethical Sys-
tem)❹二者。事實上，我們討論的南傳佛教，與世界上任何大
的歷史宗教都是一樣的，它既有道德完善與最終解脫的理想
目標，同時也有普通人應付日常生活的手段，也有他們求發
財求得子的庸俗理由。

---

❸　Max Weber, *The Religion in India*, tr. and ed. Hans H. Gerth and Don
　　Martindale (New York: The Free Press, 1958), ch. 6.

❹　轉引自Damien Keown, *The Nature of Buddhist Ethics* (New York: St.
　　Martin Press, 1992), ch. 4.

　　實際上，這兩者在佛教巴利文佛經──上座部的經典理
論形式──中，都是有據可尋的。佛陀在成道後首次說法(《轉
法輪經》)就談到了離苦得樂的八正道法，其中也包括了對出
家比丘和在家居士的教誡，前者要修習禪定，除生死惑；後
者要過「正命」的生活。簡單地說，佛教規定了終極的和現
實（接近終極）的目標。前者是涅槃，後者是清淨的，然而
又是富足舒適的生活，它包括來生轉世時生於富足人家，或
生在天上，更迫切的是今生今世得豐衣足食或有錢有勢。在
一般情況下，兩個目標是結合在一起的。它是人生目標的兩
個方面，不必割裂開來。表現在社會生活中，從出家人方面
來看，和尚一方面是為自己修行，衣食樸素，又持守獨身生
活，但因為可以有功德轉薦給善男信女們，也就心安理得地
接受人們的供養；而在在家信眾方面，雖然生兒育女，勞碌
奔波，不免為酒色財氣傷神費力，但因為敬重僧人，慷慨布
施，所以也就能夠積德，能夠享受和尚們分與的功德，得到
佛祖的保佑。南傳佛教社會中的僧俗生活就是以這樣的相互
支持繼續下去的。佛教的宗教理想就與普通人的利欲生活再
自然不過地相處並存。

　　為此，我們有必要通過介紹具體的宗教活動，來顯示大
眾佛教中的敘事方式，如出家儀式、節日慶典、宗教法會儀
式；再就是介紹東南亞佛教社會中佛教的神話傳說，來說明
人們視為理想的宗教行為和人生模式。

# ㈠農村社會的佛教觀念及宗教生活

　　**關於業等佛教概念**　如果從純粹的理論看，南傳佛教所追求的，無非是理想的善行（punna-kamma／善業），所迴避的是不善的或惡的業行(papa-kamma)。所謂業，說明白些，就是所作所為在將來要發生的影響和作用。佛教的理想，是從生死輪迴中出離。要達到這一目標得靠修行實踐。理想的修行是堅持出語真實（sacca，實語）、布施（dana，檀那）、慈(metta)、悲(karuna)、捨(upekkha)、智慧（prajna，般若）、戒行（sila／尸那，持戒），當然，詳細列舉還有很多。無論南傳佛教還是北傳大乘佛教，都稱這種獲解脫的行為修持為波羅蜜多(parami/paramita)，都承認由波羅蜜多可度脫到彼岸，從而便達到了菩提或覺悟(bodhi)。佛教千千萬萬經典都是從不同角度，結合聽眾的不同情況來講解這種由凡入聖的途徑。在南傳佛教中，在大眾信仰的層面上，這麼一套道理是用示範的故事來灌輸的。

　　所有的這些故事，主人公都是前生的佛陀，就是釋迦牟尼來到世上之前的許多生世中，他的業績行為。這種故事稱「本生故事」。最有名的是毗山多羅王的故事。當然，這類故事以東南亞各地的地方語言流傳在農村社會中間，普通大眾的人生理想也多半受故事中的主人公的人生模式的影響。所有這些都以佛陀前生生活為題材。實際上，故事的目的是突

出佛陀在佛教中的中心作用。從歷史上看，佛陀生前的言說
(sasana)就是他對世人的教誨。在巴利文，所謂佛教就是「佛
陀的言說」和「佛陀的言教」，而不是「佛陀的宗教」。佛陀
個人的生平主要是出家僧人追隨仿效的模範。為了超越生老
病死諸種痛苦對生命的局限，悉達多王子難行能行，難忍能
忍，尋求一種超出傳統宗教的人生解答，悉達多王子從王宮
中出走，修過諸多苦行，嘗試過各種禪定手段，最終，他發
現了最高的真理，證得了真實。在南傳佛教，佛陀是歷史上
的人，本質上說與我們是一樣的。我們只要努力學習模仿他，
也能夠轉染成淨，超越自己，成為阿羅漢或成佛，本質上說
二者是一樣的。

　　這樣涅槃就不僅僅是抽象的觀念，而是看得見的釋迦牟
尼的生活和修行方式。當然我們不敢說，南傳佛教社會中的
村夫愚婦，也一定是這樣看待佛教，因此才到寺廟中做比丘、
沙彌或寺童的。但我們可以肯定的是：寺廟中為他們舉行的
剃度儀式，在象徵涵義上，是重複釋迦牟尼當初的歷史故事。
上座長老們所講述的佛傳故事，都是為了使宗教的理想化為
現實的生活。可以這麼認為，整個上座部佛教的中心教義都
是以佛陀生平串起來的。佛律是佛陀為僧伽集體生活制定的
規章，佛經是佛陀針對具體事物對比丘弟子或在家善友說的
法。

　　除了佛陀的本生故事，其他的修行比丘或已經成為阿羅
漢的人的故事也有勸諭世人的作用。本生故事中，在東南亞

佛教社會中影響最大的是毗山多羅王的故事。他是佛陀以釋迦牟尼之身來到此世間之前的最後前生。毗山多羅王是慷慨布施的典範。毗山多羅是尸毗國王子，他為了讓受乾旱折磨的鄰國羯陵迦解除災難，他把能降甘霖的白象也送給了鄰國，結果為國人不滿，將毗山多羅王放逐到叢林裡去了。但這位慷慨布施的毗山多羅先是將他的兒女施給一個婆羅門為奴，而後又應化現的因陀羅大神之請而布施了自己的妻子。當然，最終他感動了天神，得以復國並同妻子兒女團圓。悉達多王子的故事是一個宗教追求的範例。它揭示出實現涅槃的困難和寶貴。毗山多羅王的故事具有更多的世俗性。它宣講的是佛教倫理原則的基礎──因果報應，也就是業的理論：善行會有善功德，而善功德最終獲得善報。但這兩個故事類型之間並非沒有聯繫，它們共同的地方在於：無論悉達多還是毗山多羅都在追求真實，克服私欲貪婪，而這首先要求能「捨」(upekkha)。「捨」是一種無愛無憎的態度，它以平等的無所謂的眼光看待一切。它們強調的是佛教徒的無私，由無我無我所而達到利他行，為人犧牲一切。它雖然不像大乘佛教那樣強調「自利利他，自覺覺他」之類，但從邏輯上說，它與大乘佛教在去私這一點上面，是完全一致的。毗山多羅王在故事中這樣敘述自己：

　　我曾在以往作水牛身而漫遊森林中間，我的體魄強健，身材高大，令人生畏……一天，我在森林中發現了一

塊極美好的處所，便棲止在那裡。然後來了一隻狡猾
邪惡的猴子，它竟然爬到我的背上撒尿，甚至將糞便
弄到我的頭上、臉上。就像這樣，它接二連三地每天
都來侮辱我，我真不堪忍受。在旁邊的一個夜叉鬼見
了，對我說：「用你的犄角一挑就可以讓這個壞傢伙完
蛋了。」聽夜叉如此說，我回答道：「我怎麼可以讓這
樣一個邪惡愚蠢的傢伙的屍體，玷汙我的品行呢？」如
果我對它起了瞋恨之心，我就變得比它還要卑下，犯
戒的事是智者不為的。與其以汙穢行存活，不如清淨
地死去哩。我怎麼能為了自己的舒適，奪去他人的性
命呢？

　　佛教就以這樣的方式，通過寺廟中的僧人，千百年一直
成功地教化鄉村的百姓。試想一下，在古代東南亞，每當旱
季到來時，鄉村寺廟的晚上總有村民們聚集在竹樓上。和尚
們向村民們講述的也都是這樣的故事。當然他們也讀一些經
文，但更有效的教育手段還寓於講解和引申的故事中間。鄉
村寺廟既是人民道德的課堂，也是民間藝術的集匯地，一旦
有了藝術題材，皮影戲、配上簡單樂器的說唱形式也就可以
登場了。借助佛教僧人的教化作用，古代以至今天東南亞佛
教農村社會的精神生活同道德教育，娛樂活動以至感情交流
是不可分地融合一體的。

　　**關於佛教儀式**　我們知道，佛教的儀式非常繁多，它們

隨地區和國家、民族的差異演化為千差萬別。不過它大致可以分為這麼幾類：紀念什麼事件，表達某種感情，或出於功利性的目標，有過什麼願望或者懺悔什麼罪孽。所謂紀念性的儀式，指那些為某個歷史性的、神話或傳說中的事件舉行的宗教節日，如紀念佛的誕生或成道等；而表達性的儀式是為了宣泄某種宗教情感，如唱贊三寶，禮敬佛陀；功利性的儀式活動，在南傳佛教中可以指新房落成、佛像開光 —— 或稱入魂儀式，甚至為祈雨或祛病的儀式也屬於這一類；最後一類是懺悔性的，那是為補救信徒的錯誤行為，表示悔改而乞求神靈原宥而舉行的儀式。當然，稍加思考我們就會發現，這樣的區分並不是完滿的。因為，一個宗教的儀式可能同時兼有幾種功能，並不那麼單一；其次，任何一種宗教儀式都可能包含比這四者總和還要多的內容。但這些宗教儀式有一個共同的目的，它們力圖調動某種神聖的或超自然的力量。這些力量隨南傳佛教社會的具體歷史背景和文化傳統不同又可以粗略地分為兩類：隨佛教傳入而進到民眾宗教觀念中的，或早有存在於前佛教觀念系統中的力量。前者可以指稱作支提的佛塔、菩提樹或泰國社會中特別流行的佩戴物 —— 護身符為代表；後者則指的是那些印度婆羅門教的神靈，或從原始社會以來就存在於人民生活和觀念中的神祇或魂靈。

　　佛教中的超自然力量或象徵物是同佛祖或他的遺物（如舍利）聯繫在一起的，在更抽象的層次上，佛的言教，以及已經形成權威的佛教經典，例如刻寫佛經文字的石頭、多羅

樹葉，印刷的經文，寫有咒語的陶片等都是，更不必說佛像
或某位羅漢（佛弟子且有成就者）或某位高僧的塑像。當然，
即令是後來的高僧大德，無論是他的形象還是遺物，之所以
有神奇的力量，也還是因為它們與佛本人或他的言教（dham-
ma／法）有聯繫。什麼是神奇的力量？僅僅聲稱與佛教有關
還不夠。普遍民眾相信這種神奇力量應表現在不同的異能上，
也就是佛教裡說的神通。一個佛教僧人，如果能夠預知吉凶，
能夠了解他人的心念，能夠醫治心理或生理的疾病，都會受
到特別的尊崇。在東南亞農村，他享有的威信是遠在那怕是
飽學的學問僧之上的。普通人心目中的法師所擅長的「法」
是「魔法（巫術）」，而不是理性主義的經教。在這個意義上，
如果比丘的坐禪冥想只是靜心而不能喚起神通，那就會被視
為平庸之輩。因此，無論佛塔佛像，還是某位高僧形象的護
符，都是因為有特殊的力量才受到尊崇的。即令是佛經這樣
的聖典，其令人敬畏也多半不是因為它的內容，而只是因為
它與佛祖有關聯。因此，在大眾佛教的層次上，人們對於佛
教的形而上學，對於涅槃、菩提正覺、實相等宗教哲學觀念
其實是很生疏的，除了少數學者和經師，一般人也不會有太
大的興趣。

　　至於那些與佛教沒有明顯聯繫但又有神奇力量的象徵
物，都可以泛靈論信仰或婆羅門教聯繫起來。例如佛教儀式
中可能招請的護法神有天龍八部、塞犍陀（Sakka，即中國人
稱的韋陀菩薩，也就是因陀羅大神。他是古代印度的雷霆之

神和戰神），再有毗溼奴大神。在斯里蘭卡，大眾的佛教場所，擠滿了印度教的神祇。尤其是暹羅派在康提的大寺廟中，往往附有許多神祠(devalaya)，其中主要供奉印度教的各種神祇，如毗溼奴、帕蒂尼女神、納塔(Natha)等等，每個神祠都有份地，從它所得的收入專門作祭祀等開銷。大部分印度教神祇的這類神祠都集中在康提。所有這些神祇，已經按僧伽羅神話或印度神話譜系各自取得了既定的地位。就南傳佛教而言，在以村社結構為主體的前現代社會中，不可能不受原始宗教、泛靈論和巫術的影響，儘管嚴格地說來，它在好些地方背離了上座部經典，但它們依然盛行於社會當中。人民實際樂於接受各種各樣影響著他們日常生活的神靈鬼怪，比如泰國人所稱的「皮(phi)」的鬼神信仰，緬甸的「納特(nat)」崇拜。正是由於接受並改造了當地的信仰，佛教才可能在亞洲各國逐步確立其文化統治地位。

　　反過來我們也可以說，東南亞社會的各個方面，尤其是它的鄉村文化形態更是深刻地反映出佛教的、印度教的和薩滿教（巫教）的混合影響。例如緬甸的民間舞蹈、戲劇、音樂，從題材到表演形式都深受印度或中國的影響。緬甸舞戲中有一種從跳神儀式演化出來的，叫做"nat pwe"，意為「納特戲」或「納特表演」，從功能上看，它與中國南方的民族常有的儺戲是出於同一源流的❺。最初的納特戲的演員是女巫，

---

❺　這種形式的舞蹈在北傳佛教的喇嘛教中也可以看到，無論西藏還是尼泊爾，都有一種戴面具的舞蹈劇，稱作"mani-rindu"。它通常在藏傳佛

稱作「納特的老婆」。女巫通過跳舞最後達到神靈附體，就有可能代表緬甸特有的三十七個納特鬼神發言，預示吉凶。以後在佛教節日裡也有演出這種舞蹈的。這種納特戲與今天同樣流行於緬甸的另一種叫做"Zat pwe（札特戲）"的區別並不大。札特戲中間的舞者，通常會扮作王子、王女或滑稽的鬼怪，其基本主題也就是正義戰勝邪惡之類，其中往往與佛教故事有關，但也不乏印度古代史詩的翻版。表演當中多穿插了鄉村鄙俗的風趣，因此頗受到鄉間男女們的歡迎。

　　混合和包容的精神貫穿了南傳佛教中的節日、慶典和儀式。在重大的佛教節日，例如吠舍佉節（佛誕成道和涅槃的日子），主要是佛教的文化成分；但在一些別的場合，如新房落成、婚娶慶典、公司開張的慶祝儀式上，佛教僧人會到場念誦護咒經(paritta)。所有這些獲得超自然力的儀式都是雙向的，從作檀那布施的信眾一面看，他們得到了功德，這是舉行儀式的主要目的；從接受布施的僧伽來看，他們也受到物質的供養，由於僧伽特殊的地位，與佛祖的特殊關係，所以才有可能產生精神性的功德報償，最終改善布施人的善業積累，也改變他們在來生的道德位置。所有向僧伽作供養的宗

---

教寺廟的天井內一連表演三天。舞蹈者都戴有色彩鮮豔的猙獰鬼臉。這樣的演出都在西曆五月或十一月，其用意是紀念當初印度的蓮花生上師到西藏來傳播佛教時降妖伏魔的事跡。這種舞蹈劇演出時使人印象最深刻的是伴奏的樂器——那種長達三米，兩人才扛得起來的藏式銅號。

教儀式都循著這麼一種路子而發揮作用：無論是日常的每天上午向僧人們的施食(pindapata)，還是每年一次的雨季的坐夏(Vassa)結束後的供獻僧衣。在泰國通常是泰曆十月十五日那天。儘管信奉南傳佛教的廣大地區，這些儀式多少有些不同，但基本功能與宗教原則是一致的。功德所以發生與上座部的宇宙論原則相關。這一套宗教哲學的通俗的、實用的形式，表現在大多數群眾的日常生活中。泰國鄉村的人民都熟悉一位馬萊比丘的故事：虔誠的馬萊比丘遊歷了地獄與天堂，再回陽到人間來敘說那裡的善惡賞罰。故事本身形象地顯示了為善升天堂、作惡下地獄的教訓，連帶著也傳達了佛教的宇宙觀。附帶說明一下，在南傳佛教國家，只有受過正規宗教教育的僧人和信士才知道「三界」指的是欲界、色界和無色界，廣大群眾心目中的宇宙三個層面指的是天界、人間和地獄。所以如此，除了平時的宗教故事講的善惡因果報應是以後三界為背景，還因為佛教經文中的專門介紹，在小部經典中就有《天宮事》(Vimanavatthu)，專講天上的故事；《餓鬼事》(Petavatthu)，專講地獄中餓鬼等。在雨季的鄉村寺廟中，以往僧人們講經時也喜歡引用這些經典和它們的注疏。而在寺廟中受學的寺童或沙彌，在中級以上水平也就會以這些經典為教材。❻通過故事這樣的口頭文學方式，及寺廟中

---

❻　這是筆者1984年在雲南耿馬地方作調查時所了解的情況。耿馬地區的佛教受緬甸影響，因此至少在緬甸，佛學達中等水平以上的僧俗人士都接觸過這些經典。

壁畫和張貼的畫片，還有民間說唱這些形式，鬼神觀念與功德觀同宇宙觀緊密地結合起來，在日常生活中支配著群眾的道德行為，間接地也支配了他們的人生目標和經濟行為。

## (二)佛教儀禮和佛教節日

在東南亞和斯里蘭卡，不同地區的人民在通過佛教儀式獲致神奇力量的方法可能有所不同，但其心理動機和宗教機制是完全一樣的。有的是到佛教聖地去參拜，如朝山進香，往某個有佛遺跡的地方去禮拜，最常見的是向稱有佛舍利的塔或佛像作供奉以及在附近坐禪默想；逢陰曆四月佛誕日作浴佛的禮敬，那一天也是東南亞的潑水節；在平日，信眾還可以向某位高僧去求護身符。護符中裝有這位僧人的幾根頭髮或他的相片，或者只是他祝禱過這個護身符；謀取特殊超自然力的方法還包括，在人生的關鍵時期（宗教人類學稱之為「危機時刻」），如像成年、婚娶、生產，還有東南亞也相信的每逢十二年為周期的本命年等，到這種時候，信眾會求寺廟或僧人舉行相應的法事，或者要向四方上下的鬼神作供養，綏靖它們求得保護。所有這些儀式最終聯繫到佛陀或別的聖靈鬼神具有的特殊力量，而交換的成分是無法迴避的，獻一份禮，作一次供養，送一筆錢，供養人一方期待的是或眼下或久遠的好處，或財富的增進、或健康的改善、或精神層次的提高。

供衣節(Kathina) 泰曆十月十五日是南傳佛教地區坐夏正式結束的日子❼，照例信奉佛教的人民要向僧伽供獻三衣。獻僧衣的儀式十五日是僧伽作布薩(uposatta)懺悔的日子。按律藏中《大品》的說法，從七月十五到十月十五的三個月中間，僧伽要安止寺廟中，一是為了清淨修行，二是因為不出門便不至踐踏傷害生命。這一期間，若無特別的理由，僧眾都不外出，巴利文管這叫伐薩(Vassa)。到十月的月圓之日❽，信眾便有集會向僧人敬獻僧衣和其他生活用品的儀式。結夏後向僧團供獻僧人三衣的習俗在11世紀的斯里蘭卡就有了，以後隨佛教傳入，也被緬甸、泰國、老撾和柬埔寨社會上下層所接受。今天，供衣儀式已經在鄉村社會中成為盛大節日，在城市中也為信眾所重視。南傳佛教國家，以往在首

---

❼ 所謂「坐夏」，又叫「雨安居」。在古印度逢季風帶來的雨季期間，僧人不便出行，佛陀便規定了這一期間，僧人禁止外出，而在寺內坐禪修行。中國不受季風氣候影響，便將夏季的農曆四月十六日至七月十五日定為「夏安居」期，僧人的安止寺內不外出稱「坐夏」。而東南亞國家，如泰緬地區，雨季在西曆7月至10月，所以從7月15日至10月15日為夏安居時間。本書中既講東南亞地區，未說明的月曆都指當地陰曆。

❽ 供獻僧衣的儀式在東南亞地區各地似乎有差異。在泰國（如北泰地方）解夏日，即結束坐夏的那天就獻僧衣，這與中國傣族地區的風俗是一致的。但在下緬甸和南部泰國，結夏日是作布薩懺悔的日子，次一日才有獻僧衣的儀式。供衣節的巴利文為Kathina，原義為「堅不可摧的袈裟」，因為供獻袈裟（其實不一定就是袈裟）給僧眾有功德，準確說法應為「功德衣」。

都每到供衣節，都要由王室貴戚主持隆重的奉獻儀式，今天，
在斯里蘭卡和泰國各地，地方官員也把獻僧衣視為行政工作
的一部分。通常供衣節儀式活動要持續一至三天。一般說來，
奉獻僧衣的信眾都是平時與寺廟有來往的，也就是同一個「教
區」的群眾。但隨著現代化的影響，城市中寺廟僧人的生活
舒適方便得多了，夏安居期間也就不再會覺得日常生活有什
麼不方便。人們也就產生另一種觀念：認為向生活艱苦一些
的鄉村寺廟中奉獻僧衣，功德會更大一些。再加上傳統佛教
認為，對僧伽作布施，如果施主是僧伽不認識的，施主功德
更大。結果，今天在泰緬地方，往往有城市中的布施者到鄉
下來供獻僧衣的；也有本「教區」的信眾往另外的村寨中去
作布施的。❾

　　實際上，供衣節並不僅僅是獻僧衣，它隨「教區」的富
裕程度和城鄉差別有不同的內容。供衣節通常會有遊行隊伍，
農村中的遊行者會有一個傳統的樂隊，敲鑼打鼓和擊鈸吹喇
叭；城市中的已經有西洋管樂隊參加了。遊行隊伍中還會抬
著紙紮的或其他材質的金色宮殿模型，除了僧衣，同時有意
地顯示出供奉的現金或其他禮品。這裡已經顯示出僧俗之間
的交換關係：僧伽收到的是信眾的物質奉獻，而信眾得到的
是功德福報，例如將來往生天宮，住在如模型顯示的那樣富

---

❾　*Buddhist World*, p. 23. 據宗教社會學家D. K. Swearer說，他曾經見過清
　　邁的一次鄉村供衣節。由城裡來的有錢人在寺廟中搭一個工棚，雇十
　　幾人來現場趕製僧衣，24小時內為寺主和僧眾各做完一套衣服。

麗堂皇的宮殿中。

　　供衣節的遊行行列在往佛寺獻禮之前，總要走過城裡或村裡的街道，等到達佛寺，就會將盛著僧衣和肥皂、文具，甚至香菸、罐頭食品的禮盒都抬進寺廟內，放在主要殿堂上。宗教儀式通常在大殿或佛堂中舉行，這取決於寺廟本身的規模大小。一般先是行三皈禮儀，隨後，和尚們用巴利文誦唱五戒，重申不犯殺人、偷盜、妄語等五種過失。然後是「教區」內有威信的社會賢達出面主持供獻僧衣等禮品的儀式，通常是寺廟住持代表僧伽受供。而出錢最多的施主第一個向寺中僧眾獻三衣。依象徵的原則，照例這套三衣是直接貢獻到佛像跟前的，由佛祖代表僧伽受供。再之後才是寺中僧人由比丘到沙彌，由上往下一一接受施主們獻上的衣服等物，與此同時，僧人會唱誦表示感謝：

　　　　願施主您得吉祥，願諸天常作護衛。
　　　　願藉佛祖力，施主永得安樂。
　　　　願施主您得吉祥，願諸天常作護衛。
　　　　願藉佛法力，施主永得安樂。
　　　　願施主您得吉祥，願諸天常作護衛。
　　　　願藉僧伽力，施主永得安樂。

　　隨儀式進行，僧伽還報了給信眾的祝福，「教區」的全體居民也各自得到一份在將來會兌現的功德。在我們看來，這

種儀式交換所以重要，是因為信眾社會的精神需要不如此無法滿足，僧伽方面所擁有的特殊力量也無法轉移到信眾的生活中來。這種力量當然是俗世生活不會自行產生的，只有出家棄家的僧人通過他們的艱苦修行，才能從佛祖或佛教中取得。這種力量的來源，不但聯繫到僧人們修行所得的菩提覺悟，更關係到修禪所得的超自然神通。由於僧伽方面剛經歷了三個月的艱苦修行，祂的道德純潔性是無庸置疑的，這種剛得到更新的清淨，使僧伽對信眾的祝福更可靠，獲益也就更大。因此，供衣節的宗教儀式更有功德，為信眾所重視❿。它表明僧伽和佛教社會都進入一個特殊的時期，這是世俗的平凡生活中的神聖期，無論僧人還是信徒都因此而享有特別的力量。

　　**供養禮敬佛像**　　禮敬佛像的活動是佛教信仰中最普通、也最能說明互利關係原則的宗教儀式。正規的禮佛活動都在佛寺中的大殿或佛堂上，信眾參加，由僧人主持。同東亞北傳佛教相同的是，在南傳佛教地區，佛像通常都供放在一個與站立者視線相平的供案後頭，臺座一般呈蓮花型。因此，觀瞻佛像總是要仰視的。禮佛的儀式在東南亞，包括有按巴利文誦經，以及用巴利文或本地語言唱贊佛陀，通常唱贊的

---

❿　這裡也聯繫到另一個事實：在供衣節拿到新的僧衣以後，緬甸的僧人便有權自行決定在廟中的去留而不必得到寺主的允許。參見Spiro, Buddhism and Society, p. 301.也許這是因為剛經坐夏的僧人直接從佛祖那裡得到了特殊的力量和權利？

僧人手中牽有一根紅線，紅線的另一頭連到佛像上，那意思很清楚：它形象地表明唱贊是為了佛像才進行的，而佛像身上也有力量可以通過紅線，傳遞到僧人身上並釋放到參加禮佛的會眾當中。佛像是儀式的視覺中心，為加強對佛的向心力，並表達信眾對它的皈依和崇敬，還會以香花燈盞和供品擺放在佛像前的供案上。佛教徒們自己解釋說，供奉並不意味著佛祖真正的享用供品，而只是一種表虔誠的行為，佛像只是象徵，提請人們回憶起歷史上的佛陀❶。這樣的說法實際上不承認以超自然或神祕主義的方式解釋佛的特殊力量，而禮佛的功能也就限於兩方面：首先是淨化禮拜者自身的心靈。

其次，禮佛的功德是由自心清淨獲得的。如果從這樣的立場理解，南傳佛教中的佛殿和佛像在沒有正式的宗教禮敬儀式時，僅僅是一種裝飾。它的神聖性產生於儀式活動中，與禮敬者的內心態度相關。儀式使得佛像可能具有的潛能釋放出來，從而實現了宗教的意義。有了禮敬的行為，佛像才成為值得崇敬的。禮敬佛像不僅因為心中想到佛教創始人對他有敬愛之心，也期待著隨後產生的有利效果。這就是我們所說的功能交換的宗教儀式，無論怎麼樣對人們供佛禮敬的心理動機加以理論化說明，都改變不了這一事實：在千千萬萬的信眾身上，他們期待著虔誠的信仰能夠換得獎勵，獲得

---

❶　這在南傳佛教國家尤其如此。按上座部傳統說法，佛陀是同我們一樣的人，佛陀的神聖性在於他發現了究竟真實的佛法。

福報。

　　這就自然涉及到另一個問題：如何保證我們禮敬的佛像具有特殊力量，並可以轉移功德到我們身上呢？在泰緬地區，新的佛像落成，總要有一個聖化的儀式，它也是供佛儀式的一個部分。聖化，是宗教學的術語，我們中國人稱為「開光」，日本人稱作「入魂」，字面意思是把「魂魄」放進佛像去，如果象徵性地看，是使佛像真正具備精神力量，或者使其與佛教的特殊力量內在地聯繫起來。開光的儀式包括兩個部分，用本來的特殊力量「鍛鍊」佛像，同時給它「充電」！在老撾與泰國，新佛像落成的祝聖儀式會持續整整一夜，從黃昏時刻開始到第二天黎明。各個地方的開光儀式會有不同程度的差異。例如，1977年泰國南奔城外的一座佛寺中佛像開光。黃昏時分，擠滿了佛殿的和尚——比丘和沙彌都有——及善男信女們開始唱讚，他們之中除了本寺的僧人，還有本城的和省城裡大寺廟來的高僧。儀式的第一步仍是作三皈依並聲明領受五戒，然後整夜都唱誦的是專門挑選的護咒經。這些護咒經集是斯里蘭卡大寺確定的本子，它們在整個南傳佛教地區都具有普遍權威性❷。所有這些經典都是給背誦下來的，這說明它們使用範圍之廣和使用頻率之高。經典的彙集人認為：「唱誦護咒經會在一切深信佛陀言教又有智慧的聽眾中產

---

❷　大寺的Piyadassi長老為這個權威本子寫了序言。該經文集彙有24部護咒經，它們都選自南傳五部經典。參見*The Book of Pretection/Paritta*, (Kandy: Buddhist Publication Society), 1975.

生莫大功德」❸。它既可以使聽誦經的人安住佛法，又可以
讓善功德傳遞到不同程度的聽眾身上，並且使後者了解：什
麼是正命生活，什麼又是正信的佛教。誦經的和尚們自己也
由此憶起佛陀對一切眾生本來懷有的慈悲；最終由誦經的音
聲可以創造身心的和諧。按照傳統的說法，誦護咒經還可以
祛病驅魔。由誦經喚起超自然力不是不可能的，佛祖本人在
《慈悲功德經》(*Karaniya Metta Sutta*)中就說，誦此經可以驅
除惡鬼❹。與此類似，在南傳佛教地區，為小兒保平安通常
要誦《鴦掘魔護咒經》(*Angulimala Paritta*).

　　在佛像開光儀式期間，佛像頭部用一塊白布罩上。儀式
持續的那個晚上，除凌晨三點到五點這個時辰允許人們休息，
其餘時間都得不斷唱誦、講經（講佛陀本生故事）以及行禪
定活動。到黎明時分，儀式快告結束時，僧人們便要開始念
誦《初轉法輪經》了。在這之後，主持整個儀式的法師才揭
去佛像頭上的布罩以及抹掉眼睛上的蜂蠟。有的時候，佛像
的口鼻耳朵都用蠟封上，以象徵佛祖成正覺以前的不完善狀
態。據說在這個階段，佛陀本身也還有待進步，需要聞法而
後證道，等待特殊力量進入身體。還在儀式開始之前，佛像
前就供奉了代表王家的五種法器（扇、冠、缽、杖、履）和
佛教出家人的隨身八物，以及乞食缽、僧服、菩提樹枝和蒲

---

❸　同上所引書。

❹　據《受持阿曩胝護咒經》(*Atanatiya Paritt a*)，佛說受持此經不為鬼神
　　惱害。

團等。這當然都是在象徵性地重演喬答摩的生平：起先生在
王家、長於宮中、最後尋師求道而證得菩提的歷史過程。佛
祖當初獲得宇宙力量的過程，也就是現在通過儀式把力量注
入佛像的過程！

　　特別值得說到的是，在行禪定的儀式舉行期間，一些僧
人們一直在唱誦《佛灌頂經》(Buddha Abhiseka)，另外有九個
比丘環繞佛像而坐，他們都處於入定狀態。每個和尚跟前有
一個食缽，缽下各有一根紅線通到佛像身上。人們相信，這
種方式可以保證和尚們的特殊力量注入佛像並激活其潛能。
其次，儀式顯然意在再現佛陀成道之前的經歷。黎明時分，
由一組女性白衣在佛殿外專門的棚子內熬好的甜粥，會給端
進佛殿，分盛在49個小食缽內，分別由僧俗供奉到佛像跟前，
這是象徵佛成道之前恢復進食時，得到了牧女善生進獻的奶
粥。經上說，佛將牧女奉上的奶粥分為49份，並說：「世尊在
菩提樹下成道之後將在比尼連禪河邊逗留49天，每日食此一
份。」❺在緬甸，雨季過後的第一個月圓之日是供佛節，專門
紀念牧女善生向佛獻食。通常上緬甸山區供佛的奶粥中有牛
肉或豬肉，下緬甸三角洲地帶的奶粥中有乾魚或雞鴨的肉。❻
等到東方曙光初露時，僧人們除去佛像頭上罩著的白布和佛
眼上的蜂蠟以後，整個開光儀式便完成了。與此同時，佛像

---

❺　《相應部》經典中之《因緣集》和律藏《大品》中有此傳說。

❻　參見Shway Yoe (Sir James George Scott), *The Burman: His Life and No-
　　tions* (New York: W. W. Norton, 1963), pp. 336ff.

周圍有三個面朝外面的鏡子。鏡子照射象徵佛祖的三種神通力：知道他自己的往世；知道一切眾生往世及來生；知道世間一切諸苦的斷滅方法。至此僧人們接著誦經，內容是稱讚佛祖已離苦，已證諸法緣起並開始轉法輪。要誦的第一部經是《佛像灌頂吉祥偈陀》(*Buddha-abhiseka Mangala Udana Kathā*) ❶

> 經多生輪迴，尋求造屋者，
> 但未得見之，痛苦再再生。
> 已見造屋者，不再造於屋，
> 椽椽皆敗壞，棟梁亦摧折，
> 我現證無為，一切受盡滅。

透過佛像的開光儀式，我們可以看見南傳佛教的神聖化原則，也能猜測到它關於功德獲取的相互性原理。佛本人是具有智慧及別的波羅蜜多解脫手段的，但他也有著天耳天眼和他心通的超自然力。佛教作為解脫的哲學主要表現在前一方面，而佛教的宗教神祕特點和不那麼理性主義的地方表現在後一方面。這是佛教之作為宗教統一體的兩面，也是佛教適應於社會精英和大眾兩個基本層面的依據。人的生存本身包括兩個層面，現實的歷史社會的和超出現實的也即終極的

---

❶　它取之於《南傳法句經》。本處採取中國佛協出版的內部刊行本，葉均譯本。

關心，因此佛教能夠服務於這兩者，既解決當下的關於壽夭貧賤的解釋，也說明了關於未來的死後的人生價值。在佛教的組織結構上，也反映了這種兩面性互補交換的特點，僧伽承擔著為社會祈福的功能，從而也得到世俗大眾的供養；人民藉僧眾為自己的未來積累善功德，但也從物質上報答僧伽。簡而言之，佛教僧伽維繫著世間與出世間二者，就像佛陀本人的經歷也體現了世與出世二者、自然與超自然的聯繫與轉換一樣。

這種聯繫本身也表現了對立的兩面性，一方面從斯里蘭卡到東南亞，從《大史》到緬甸的《琉璃宮史》，到泰國的《佛牙史》，所有關於佛陀的歷史敘述都說他到過這些國家，由於他的神通力，這些國家的君主得到了特別的政治合法性，因此他們可以統治本國臣民甚至兼併其他的國家，同時他們要以維持法運長久而作為報答。但從佛教的原始經典看，佛自己又一再告誡弟子，告誡信眾不要追求和炫耀神通，而要以法和律二者為正務。上面說的佛像開光的聖化過程就體現了這種二重的對立互補性質。

因此，當我們說，以香花燈燭供養佛像只是為了表達虔誠與紀念時，就只是問題的一個方面，是宗教儀式的內涵之一。對於更多的信眾，它無疑還有更簡單樸實的動機，也就是為實現交換的期待。當實行供養，尤其是價值昂貴開支很大的供養時，供養人是希望藉此打動或引起佛像或它代表的佛的超自然力。與此相似，所有的宗教儀式，都像供衣(Kathina)儀式一樣，也是希望功德回報的，不過在供衣儀式中，由僧伽充當了中間人，在佛的特殊力量和信眾的功德之間斡旋。供衣，從字面上看，不過是每年一度向解夏後的僧人施捨衣物，但其深層意義則是整個宗教與社會的聯繫轉換機制在發生作用。因此無論是宗教儀式性不那麼強烈的供衣儀式，還是宗教儀式性特別強烈的佛像開光儀式，都在本質上反映了同一個對立聯繫的性質。從佛像開光儀式，我們看到它與傳統印度教的灌頂儀式的聯繫⓲，而其他的東南亞佛教社會中的種種宗教儀式，如調動工作、滿一個花甲的60歲生日和婚娶禮儀，都有延請僧人誦《吉祥經》的習俗。那怕從字句上看，它們也旨在籲請諸天神龍來保護功德主——出資舉行儀式的人。這些儀式中既有佛教的內容，也有婆羅門教的，原始泛是宗教的東西。《護咒經》的內容和本質就說明了生活中的佛教具有包容的綜合的文化性質。

　　**大誦經法會(Desana Mahajati)**　這裡所指的誦經儀式，特別指關於毗山多羅王本傳的宣講。在巴利文中，"Desana Nahajati"的意思是「宣說偉大的英雄本事」，desana為「講說、宣說」，mahajati為「英雄本事」。在東南亞佛教地區，再沒有任何民間流傳的故事比毗山多羅王本傳更家喻戶曉的了。它是《本生經》裡最重要的故事，講的是佛在來此賢劫之前的

---

⓲　國外有學者認為，佛教是印度教的一個變化甚大的支流。我們可以不同意這種說法，但不能否認，佛陀創教時所不能離開的印度婆羅門教的傳統文化環境。

最後一生中的事跡。然而這個故事之所以廣泛流傳，卻得緣於它的神聖性。神聖性並不是憑空產生的，它由佛教的宗教儀式塑造出來。在泰國，講毗山多羅王本生的儀式被認為是「鄉村間求功德最為宏大的儀式」❶。不言而喻，這裡經歷了一個由講經活動轉向形式化和儀式化的過程，即是說，最初為了紀念毗山多羅王，也是紀念佛祖，而後逐步增加了增殖功德的作用，並且重心移向了後者。這樣的儀式同樣也包含了宗教的高級目標（指向精神的淨化和道德的提高）以及世俗大眾的現實期待（為自己和親人的來生轉世積累功德），正是後者，與佛教儀式有不可分的緊密聯繫。

東南亞鄉村社會中，一年有好幾次機會宣講《毗山多羅王本生經》的故事。但最鄭重其事且最被稱頌的一次才叫做 "Desana Mahajati"（差不多稱為「大誦經會」）——它通常在僧伽結夏的那個月中間舉行。對於鄉村社會來說，這算是農閒時間，插秧還未開始，收割也還不到時令。在泰國北部，大誦經活動通常在泰曆的十二月，約當西曆11月初舉行。

大誦經的時間是三天。第一天例行的是為所有已經亡故的法師、父母或親戚祈福求功德。照例，那位虔誠的馬萊比丘遊地獄和天堂的故事要向參加法會的人再敘說一遍。參加法會的會眾，男女老幼都有。80年代的社會調查顯示，仍然

---

❶ S. J. Tambiah, *Buddhism and Northeast Thailand* (London: Cambridge University Press, 1970), p. 160. 南傳佛教社會中還有一些誦經儀式，但以講說《毗山多羅王本生經》最有代表性。

是以女性和老年人較多。虔誠的信眾一般都聚集在佛殿或佛堂中，這也視他們同寺廟的親近關係和場所大小而定。有的人也在佛殿外廊上席地而坐。誦經告一段落時有經行活動，這時，聽眾會圍繞佛殿或佛堂等主建築以及佛塔等行走，並向三寶致敬。來參加誦經法會的人還帶來了用芭蕉葉做的法船。小船內裝有香燭鮮花，糯米團子或玉米棒。第一天誦經完畢，會眾們便到離寺廟最近的小河邊，將法船上的燈燭等點燃後，置小船於溪流中，任其漂走。它的用意是以食品施捨供養死去的親友。

　　法會的第二天，算是正式誦讀或唱念《毗山多羅王本生經》。此時寺廟中已經為此專門裝飾起來，在講經的中心佛殿，所有的柱頭都用芭蕉葉和甘蔗葉包裹起來，像是置身於森林中，因為毗山多羅王的隱居修行是在林中發生的。或在佛殿的牆上貼上說明毗山多羅王事跡的畫面，也有將畫在懸幅上的布片一列列挂在柱頭間的繩子上的。從寺門口通往佛殿的路上也已經裝飾起來，用樹枝、芭蕉葉故意將通道弄得曲折迂迴，像是迷宮，泰人稱其為「王家苑牆」。按《毗山多羅王本生經》的說法，它是該王隱修過的山間的地名。迂迴曲折的通道象徵了這樣的可能性：就是毗山多羅王本人在成道之前，也同在世上時一樣，既有慷慨布施的無私的精神，也有貪戀世間的本能。說通俗些，也有犯糊塗分辨不清事物的時候；其次，從凡入聖的修行過程本身就需要摸索，沒有一再的挫折也就不能得正覺。

　　再後一日的法會開始時，僧眾以巴利文高聲背誦有總結性的《毗山多羅王本生經》偈頌，它的份量較大，有1,000偈之多。然後，僧人——可以是剛才唱頌經偈的和尚，也可以是另外的僧人——再用泰語將共有十三品的該經中的第一品唱誦出來。再後，由信眾公認的善於講經的法師以當地語言講述剛才唱誦的內容。這樣每一品都是先唱誦，然後再用口語講述。各品之間穿插簡短的民間樂器演奏，而講經人通過抑揚頓挫的聲音，也隨時告訴那些並未始終認真聽講的信眾，大概講經進行到什麼階段了。每一品講經開始前，照例都有皈敬本師和禮贊三寶的偈頌。講經的僧人在整個活動中能發揮才能的地方，也就在講說的技巧上，如果他能夠博得聽眾歡喜，他面前的銀缽中就會有額外的銀錢供養。通常，一個僧人只負責講解經中的一品，而信眾中較為有錢的施主（贊助人）會指名要求他親近或讚賞的和尚來做主講人。如果是他指定的主講人，那這位施主也就負有義務為講經人募集布施。他自己帶頭將供養的錢物放在講經人跟前，然後在從寺門口到大殿的通道上準備勸人布施的盤子。講經活動並非自始至終都是一本正經的，也有輕鬆娛樂的氣氛。每一品講解完之後，如果有施主願意，他可以要求講經僧人將本生經第五品中關於那個老年婆羅門和他年輕而有些淫蕩的妻子的故事表演一番，由那些暗示性的淫詞豔語中，聽眾會發出會心的歡笑。

　　講經法會的第三天，通常是講述佛陀本人成道的故事，

然後便是念誦釋迦牟尼佛在鹿野苑首次說法的經文——《初轉法輪經》，用意是強調四正諦八正道的教義。講經法會當然不只是單純的紀念性儀式。從宗教社會學角度看，它還具有娛樂的、教育的其他功能。通過法會上的儀式，它使生者和死者、僧伽和俗世、功德和涅槃，也就是使世間與出世間都聯繫起來。從教理上講，法會是向信眾傳達關於功德、涅槃、輪迴報應的觀念，但從社會機制上講，它實現了社會對僧伽的期待，釋放了日常生活中民眾積累的不安與焦慮。通過供養，善男信女們從僧伽取得了部分神聖性。誦經法會的儀式表明：儘管佛陀和毗山多羅王這樣的法輪王或法王是通過放棄權力而成道的，但信眾仍然希望通過儀式重新賦予他們特殊的力量，又借助這種力量來解除信眾在俗世生存中的壓力。這說明南傳佛教同其他歷史宗教一樣，其出世性理想與俗世的現實之間存在著轉換與互補的機制。

　　**佛教節日**　南傳佛教社會的節日有兩類，一種是時令節氣性質的，與耕種稼穡的傳統農業活動相聯繫；另一種則與佛教相關。重要的佛教節日有佛誕節，又稱毗舍佉節(Visakha-puja)。原義為「毗舍佉月份的供養禮拜」，顧名思義，這首先同宗教禮拜是聯在一起的。相傳毗舍佉月的月圓之日是佛陀誕生、成道和涅槃的日子，因此該月十五日就成了佛誕節，或者準確些的說法——供佛節。其次，有紀念佛成道之後的首次轉法輪的節日，稱Asalaha Puja。Asalaha也是一個月份名稱，約當西曆7、8月之間，我們權且稱為「供法節」；最後是

摩訶僧伽節(Magha Puja)，紀念佛本人在毗樓婆(Veluvana)寺召集1250位阿羅漢弟子，向他們總說法要。由於這次會議，形成了專門制約修行比丘的227條《波提木叉戒(Palimokkha)經》。佛宣布了他的教說的根本宗旨：諸惡莫作，眾善奉行，自淨其意。因此，這個節日又稱為供僧節。在泰國它們是三個主要的節日；在斯里蘭卡稍有差異，那裡的三個重大節日分別稱為波松節──紀念佛法隨摩哂陀長老傳至楞伽島；艾薩拉節──意譯為「佛牙節」；以及佛誕節（準確意思應為「供佛節」）。這種差異是兩國歷史文化背景不同造成的。除了前面的供養禮敬佛法僧三寶的節日，一年中尚有其他一些重要的行期，如雨安居（即夏安居）結束時的布薩日就很受重視，它同供衣節(Kathina)是聯在一起的；再有紀念毗山多羅王的大誦經日，如我們前面所說，也是重要的節期。所有這些重要節期同東南亞農業社會的生活節氣是相聯繫的，例如，五月的供佛節表示插秧季節開始；七月的供法節則正是插秧施肥的時節；供僧節在二月，正是收割稻子的時候。當然，別的宗教社會的農業活動也有相應的節期，這是古代農業社會的特點。就是那些單單標誌時令節氣的日子，在上座部佛教地區，也同宗教文化觀念和宗教生活融合在一起了。

　　**新年**　東南亞地區屬於熱帶季風氣候類型，每年只有明顯差別的兩個季節，旱季和雨季。旱季在10月至次年4月間；雨季在5月至9月間。這一地區的新年處在旱季即將結束的時候，在緬甸，新年在4月中間，泰國人稱為songkran，它來自

梵文samkranta，意思是「轉移、變換」，這是從婆羅門教的曆法裡來的，表明太陽十二宮的位置有了轉移，從雙魚宮移到了白羊宮。在我國雲南傣族地區，因為信奉相同的宗教，也實行相同的節日。傣族人稱新年為「毫干」，顯然是從songkran的讀音變化來的。

　　泰人的新年也有除舊迎新的涵義。其新年慶典多半在家庭中舉行。新年慶祝的準備活動首先是家中的清潔掃除。泰國社會中也有在年前結清欠帳並與人和好、盡釋前嫌的習俗。如果是對老年人，更要表示尊重，想方設法消除其對自己可能有的誤解並求得原諒，這已經是泰國社會中留存下來的古風了。今天它基本上仍保存在北泰地區經濟尚不太發展的鄉村中。新年期間的核心儀式和核心宗教觀念都是被除，用水淨化生活環境，到寺廟中參加浴佛，灑水淨化佛塔和菩提樹；為親友中的老年人做滴水祝願的儀式；大街上的潑水嬉鬧……這些活動是柬埔寨、老撾和泰國、緬甸都共有的。

　　在現代人類學家看來，新年期間潑水活動具有特別的社會整合及釋放功能，通過潑水及打鬧，「社會中普通群眾以一種輕浮的多少有點侮辱，至少是不敬的行動，讓那些平時道貌岸然的公眾人物，政客、官員、工商大賈等感到『跌面子』；青年男女也借此機會調情……多少有些傷風敗俗的動作與言辭都在這種溼淋淋的場景下變得可以容忍了。一般說來，對權威的取笑和失敬，冒犯僭越的行為，打情罵俏……都是城鎮環境中的潑水節的通常節日氣氛的一部分。50年代，老撾

人舉行潑水慶祝活動時，甚至把幾個省長拐到了湄公河裡❷！
東南亞上座部佛教地區的新年慶祝活動本身就體現了傳統文
化的綜合性。例如，在緬甸的傳說中，新年是因陀羅大神回
到人間來居住的日子。在印度神話中，有因陀羅大神大戰旱
魔解救人民的故事❷。這又使我們聯想到我國傣族地區民間
故事中說的七位姑娘被迫成為噴火的凶龍的妻子，最終以智
慧戰勝火龍的故事。故事說的正是潑水節的來歷。緬甸人相
信因陀羅大神會在舊曆年的最後一天升到天界，向天帝彙報
人間的善惡事跡❷。這又使我們想起中國人關於新年除夕祭
灶的風俗，不過在我們的頭腦中，向玉皇大帝彙報我們平時
行為的成了灶王爺。對於緬甸人，新年這天是他回到色界中
天上居所的日子。舊年最後兩天是民眾們的淨化身心的活動，
與佛教關係不大❷。從第三天起，連續兩天，慶祝活動的重
心轉移到佛教寺廟內。新年頭一天──也就是當地的大年初
一，天一亮就有信眾攜帶香花等供物到佛寺中來，他們先向
寺中和尚作供養布施，聽和尚誦三皈五戒經並作簡短的開示，
然後在寺內天井裡舉行露天的浴佛儀式，即用淨水澆佛像及
舍利塔和菩提樹的模型；再之後是放生儀式。由於這一天特

---

❷　參見*Folk Tales and Legends of the Dai People*, ed. John Hoskin and
Geocfrey Walton (Bangkok: DK Books, 1992); pp. 10–12.

❷　參見曾明編著的《印度神話故事》，第3頁，中國宗教出版社，1998. 9。

❷　緬甸人稱因陀羅為Thagya Min，而Thagya與巴利文中稱因陀羅的Sakka
相近。

❷　打掃房屋，還清欠帳，與人（尤其與老年人）和解等。

別吉祥，所以有的寺廟專挑這一天為授戒日。在緬甸和北泰地方，信眾們還有於是日專門在寺內造一座沙塔的習俗❷。造沙塔得從寺外取土，造塔的意義可以從兩方面來看，從現實方面說，新的沙土使寺內平整清潔。這同古代中國人在歡迎儀式前灑水墊新土的涵義是一樣的。從象徵的方面說，沙塔代表了世界的新開端，聯結了聖凡兩界。按北泰地方的民間傳說，造沙塔也是仿效佛陀。昔日，成正覺之前的佛有一生曾經是個拾柴火的窮漢，有一天在拾枯枝的林中用淨土造了沙堆。他對著支提默禱，祈願未來時成為佛在世間救度人民，結果如願❷。這一天，在北泰的首府清邁，新年慶祝活動以抬著那尊有名的錫蘭大佛在城中遊行而達到高潮。傳說這尊佛像是佛入滅後700年，由斯里蘭卡的大龍王所造。這位龍王在世尊往楞伽島弘化時，曾頂禮佛祖，聽聞佛法。由於大佛像出於龍宮，所以成了清邁地區每年迎雨季的重要一景。新年的佛像遊行之後，人們的注意力便轉到另外一尊大神——因陀羅（塞犍陀／韋陀）那裡。清邁城一座荒廢的佛寺中，有因陀羅大神的神龕，新年之後直到雨季來臨為止，數

---

❷　這種沙塔也稱「支提」，象徵佛祖的色身。造塔一般要耗時大半天，約七、八個小時。參見Louis Gabaude, *Les Ceitya de sable en Laos et en Thailande* (Paris: EEFO, 1979)。該書主要說老撾寺廟中沙塔的宗教意義。在泰國，人們相信造沙塔是為了彌補舊年中因為常來寺中參拜而帶走的沙土，為了不占寺裡的便宜或毀損寺產，所以在新年造一座沙塔，把寺中的沙土補上。

❷　參見Swearer, *Buddhism in the Southeast Asia*, p. 39.

星期內，每天都有人在那裡燒香上供。為了得到因陀羅的歡心，還要在神祠前殺一頭水牛祭祀。所有的儀式彙集了佛教的、婆羅門教的和泛靈論的觀念意識。

供佛節(Visakha Puja)　供佛節即佛誕節，是為了紀念釋迦牟尼佛的生平和他創立的宗教，因此在所有佛教節日中最為隆重。依據佛教傳統，佛的出生、成道、涅槃都發生在同一個吠舍佳月（西曆4-5月之間）的那個月圓之日（陰曆十五）。例行的宗教活動是禮敬供養佛祖，聽僧人講經，繞佛塔作禮拜等。在泰國，這個節日慶祝通常持續三天，國家宣布的法定節日為一天。至於具體慶祝方式，隨地區、國家不同而稍有異。斯里蘭卡的供佛節遊行通宵達旦，人們手持燈籠；而緬泰國家一般沒有節日遊行，但在佛寺中的活動也會持續到深夜，信眾們手中所持的則是點燃的香燭。在泰國，這天晚上要講誦的大經是29品的《初成正覺經》 **㉖**。該經詳盡地講述了佛陀生平，強烈突出了南傳佛教信仰中特別重視的出世、成道和涅槃三個重大事件。該經的各品內容大致如下：

(1)淨飯王與摩耶夫人成親。(2)在兜率天的佛陀由諸天神龍護衛而入胎摩耶夫人的腹中。(3)佛陀出生及種種震動瑞應。

**㉖**　此經最初的兩個欽定本子都在19世紀形成。但更早的流行本子則在15-16世紀。19世紀的兩個本子分別為《初成正覺經》(*Pathamasambodhi*) 以及 《初成正覺經》(*Pathamabodhikatha*)。從內容看它與《自說經》、(*Nidanakatha*)、《神通游戰》(*Lalitayis-tara*)和《佛所行傳》(*Buddhacarita*)大致相同。可以參見：大朱拉隆功佛教大學的整理本。*Pathamabodhikatha*(Bangkok 1960)序言。

(4)由於具32種大人(mahāpurisa)相而有婆羅門相師預言佛陀：
或成世間轉輪王或成出世人天之師。(5)出生七月佛母即逝，
佛得名悉達多；16歲娶耶輸陀。(6)由見生老病苦諸相而出家。
(7)六年間備嘗艱辛修諸苦行，一旦實行中道修行法則為五名
弟子所棄。(8)牧女善生獻乳糜（奶粥），由其乞食缽逆水上行
而知悉達多將成正覺；立誓願不成正覺不起金剛座。(9)魔羅
及其女嬈亂佛陀，地神作證並作護衛。(10)於初中後夜得三種
明：宿世明、天眼明和漏盡明。(11)成道後，佛陀在七個星期
中間每週一處坐禪，享受解脫快樂，思考所得，最後一週得
兩位高人供養，收為弟子。(12)佛陀猶豫再三：是否要向世間
傳授蒼深佛法。梵天再三勸請說法。(13)佛陀初轉法輪。(14)五
比丘聞法成羅漢，僧伽壯大。(15)佛陀在優樓毗度化1000名祀
火苦行；與瓶毗沙羅王見面。(16)舍利弗和目犍連皈依佛。(17)
淨飯王請佛往迦毗羅衛，舉國皈依佛教。(18)耶輸陀為丈夫棄
國出家憂傷。(19)提婆達多（佛的堂弟）欲害佛並分裂僧伽。
(20)佛預言未來佛，他告訴阿難，僧伽中年齒最輕的將成彌勒。
(21)佛陀探望生病的淨飯王並應阿難請求而允許婦女出家組成
比丘尼僧團。(22)佛陀示現神通但告誡佛弟子不要追求神通。
(23)佛上升到忉利天為摩耶夫人說法，講阿毗達磨。(24)佛從忉
利天下來，登上迷盧山示現神通。(25)舍利弗和目犍連之死。
(26)佛入般涅槃。(27)佛遺體火化，八國分舍利。(28)大迦葉葬舍
利，日後阿育王發佛舍利並分與全印度所有城市。(29)佛教在
印度衰微的因緣。

在泰國，供佛節的慶祝有時會超出三天，特別是地方上有新建佛寺落成時，就會添加許多通常沒有的節目，如像熱氣球比賽、泰國的象腳鼓表演等。在現代社會中，傳統佛教節日同社區文化生活在許多場合是混合起來的。供佛節的所有儀式的理論前提是，人們相信已經在2000多年前成道了的佛陀具有超自然的力量，通過宗教儀式，包括重新敍述其歷史故事，不僅肯定了這種超出世間的存在意義，而且激發並獲得佛陀的力量的保護支持。佛陀的語言同佛陀的身體都同樣向眼前的世界散發著能量，所謂語言指《初成正覺經》這樣的經典；所謂身體，指像舍利或保存並象徵佛之色身的佛塔。

法船節(Loi Krathong)　所有的宗教節日都各有功能，有的直接凸現出某一文化傳統中的宗教核心觀念，有的曲折反映出非主流的宗教關懷。如果說，供佛節代表著上座部學說的核心觀念（涅槃與功德的對立統一）的話，泰國的法船節或燈節就是這種跨文化的現象流露。在北泰地區，放法船的慶祝活動是遐邇馳名的。每逢法船節，北泰重鎮清邁市的夜幕降臨以後，河面上漂著千千萬萬閃著燭光的法船，景象非常壯觀，也非常感人。由於每一艘小法船又都是一個浮動的小燈盞，因此法船節也稱燈節。

法船節一般在佛教僧伽雨安居結束後一個月，也就是西曆11月的那個滿月之日。這個日期正好與泰人佛教社會中的大講經節 —— 誦講《毗山多羅王本生經》 —— 重合。由於法

船節與佛教之間尚未尋出確鑿的內在聯繫,所以有學者認為,是佛教方面為了爭取對信眾的宗教影響,有意將講誦佛經的節期安排在法船節的時候❷。但我們並不同意這種說法。像法船節這樣的民俗節日不可能沒有宗教文化方面的根源,在泰國社會中,更不能離開佛教的觀念根源,更為重要的是:佛教寺廟恐怕不能憑主觀意願而將講經節安排在它們希望的時期,至少泰國從素可泰王朝以來的僧伽歷史沒有這樣的記載和暗示。更何況,僧伽方面何苦不能見容於放漂燈船這樣的民俗呢?

　　法船節所在時間正好是雨季剛過,插秧的農忙才結束不久,收割還要再等一個多月。而在東南亞地區,11月才剛剛進入旱季,是一年中氣候最為涼爽宜人的季節。泰人社會正好有時間和心情來舉行這種表達其宗教感情的活動。從表面上看,放漂法船同原始宗教的泛靈崇拜和祖先崇拜有關;從文化形式上看,它又與印度的婆羅門宗教氣氛中的燈節(di-pavali)有關;從宗教觀念的淵源上看,也同中國人的混合了佛道文化內涵的放荷花燈一類的風俗相關❷。在泰國,法船

<hr>

❷　參見Swearer, *Buddhism in the Southeast Asia*, p. 46.

❷　放荷燈是中國傳統中元節活動的一個部分,又稱放河燈(中國北方)或水燈、江燈(中國南方)。專家認為與道教赦罪說有關。宋朝時民間即有此風俗。宋吳自牧《夢粱錄》「七月十五日……後殿賭錢,差內侍往龍山放江燈萬盞」。放燈於河上或路邊的涵義是為孤魂野鬼照路引道,使其能得超生。今天貴州布依族尚有放河燈習俗;雲南白族在「七夕」「中元節」「中秋節」也漂河燈。不知與泰人的放漂法船有何關係。

節據說可以追溯到素可泰王朝的第二代君主（14世紀左右）帕鑾王的娘娘。她來自為王廷服務的婆羅門祭司家庭，為取悅國王而讓人在河中放燈。佛教方面也對此有自己的說法：佛祖生前到過泰國，並在納年達河邊留下腳印，河中龍王為供養佛腳跡而放漂燈船；又說，因為龍王曾打敗過企圖平毀阿育王所造八萬四千塔的魔羅，人們為感激龍王而向水中放漂燈船。無論如何，放漂法船的慶祝活動與信奉佛教的泰人生活在觀念和感情上都是非常融合的。

　　逢法船節，無論男女老幼都興致勃勃，老年人站在岸邊觀看放燈船；小孩子在河邊追逐，甚至有的跳下水去，從燈船中撿錢幣的。燈船一般用芭蕉樹桿或芭蕉葉做成，簡單的也就像個杯子，其中點著香燭燈火。今天的燈船已經有塑膠製品了。逢放燈船的這幾天，也是情侶遊玩野餐的日子，總之，處處是喜慶祥和氣氛。不過虔誠的佛教徒，尤其是上了年紀的男女，晚上還是願意到寺廟中聽唱誦《毗山多羅王本生經》。要說燈船與佛教有什麼直接聯繫，恐怕也就是這一現實了——通常人們放漂燈船之前，會到寺廟中來拜佛，祝禱一番，繞佛塔作經行禮拜，然後才到寺外的水邊去放燈船。

## ㈢人生週期轉換的禮儀

---

　　但筆者相信這一習俗當由中國傳去。參見《中國歲時節令辭典》，中國社會科學出版社，1998。

　　佛教的傳播與延續既與社會的生產勞動（生產方式）有
關，亦與個人的生命週期相關。前者表現在佛教的宗教觀念
與崇拜活動，密切地聯繫於本書討論的東南亞社會中的時令
節氣的農業活動；後者則表現於佛教與人生週期轉換，和特
定文化類型中人們理解的人生危機時刻的密切聯繫。每一危
機性的轉換時刻，佛教都會服務於信仰者的團體和個人，通
過儀式提供心理上的安全許諾，增加接受儀式者對其社會角
色的理解，並加強其社會責任感。在任何文化類型的社會中，
人都會經歷少年、青年（成年）、老年，相關地會有婚姻和死
亡的社會和個人的行為以及對應儀式。

　　在上座部佛教社會中，男孩子的少年儀式表現為：以短
期出家，即通過披剃而得成為僧伽一員的社會特徵❷。青年
人的婚姻儀式與佛教的關係不太密切。但傳統鄉村中，新婚
夫婦要由和尚誦吉祥經、護咒經，連帶著有簡短的講三皈五
戒的儀式，但求平安吉祥的意思居多。總的說來，佛教僧人
在這個地區與人們社會生活中的喪葬儀式關係較深。通常人
類學家認為，人生期的禮儀，目的在使生命期的轉換平穩安
全；消除危機時刻的緊張不安；強調個人對既定的社會生活
方式的服從，加強社會文化的整合作用。這樣的儀式既包含
道德教育，更強調文化的習慣性強制，但從宗教現象上看，

---

❷　對女孩子便沒有同樣的文化習俗要求。緬甸的女孩在成為少女後，一
　　般是穿耳孔戴耳環，在撣邦山區，有的還得在脖子上箍上一道銀質的
　　或銅質的環，每年增加一道箍。它與項圈不同，大小剛好箍住脖子。

這些儀式要求的是處於生命期轉換中的對象或遵奉某些禁忌規則，或為他（她）獲取某種特殊的非自然力量（如業），或制服特別的非自然力（如鬼魂、納特）。就緬泰社會言，這類重要的儀式有少年的剃度儀式和為死者舉行的喪葬儀式。

**剃度儀式**　所謂「剃度」，傳統上說，就是「剃除鬚髮、超越生死」的意思。古代印度修行求道的人棄家出走時總要剃掉頭髮，佛教也繼承了這一傳統習俗。在東南亞佛教國家，這一儀式可以有不同的解說。教理上看，履行過這種儀式的人，身分有了改變，成了專職的宗教家，負有隨僧伽集體修行，追求最高理想涅槃的責任。在東南亞，剃度意味著「出家(Pabbajja)」，也就是成為沙彌。成為沙彌以後，通常要通過一段時期的學習修行，才有資格接受進一步的聖化儀式，這稱作「具足戒(upasampadā)」，或稱「大戒」。領受了大戒，才成為比丘(bhikkhu)。bhikkhu一語的本義是「乞食者」，意味著放棄世間一切利益權勢，完全靠大眾的施捨續命為生。南傳佛教最主要也最普及的佛經，大概就是《法句經》了。它這麼樣描述比丘的宗教理想：❸

　　汝等諸比丘，棄貪瞋亦爾。身靜與語靜，心寂住三昧，
　　捨俗樂比丘，比丘住安樂。
　　汝當自警醒，汝應自反省，自護與正念，比丘住安樂。
　　自為自保護，自為自依怙，自為自調禦，如商調良馬。

---

❸　《南傳法句經》，葉均譯，中國佛協刊行本，第377後半偈至382偈。

比丘具歡喜心，誠信佛陀教法，到達寂靜安樂，諸行
解脫境界。

比丘雖年小，勤行佛陀教，彼輝耀此世，如月出雲翳。

理想的比丘是心篤志誠地求真實的修行者。一旦達到真
實境界，他們便在道德和精神上都得以轉換，為世間眾生的
利益而宣說佛教。南傳佛教地區的僧人在寺廟中持戒坐禪，
講經說法，主持法事，目的是為了給社會和自己謀功德。但
理論上說，他的眼光仍然盯在涅槃解脫上，雖然事實上並不
是每個僧人都有這樣高遠的目標。我們反覆強調的是：佛教
是社會中的宗教，其延續發展所依賴的首先是與社會戚戚相
關的個人。專門研究東南亞宗教的社會學家斯皮洛(Melford
Spiro)說，考察泰緬社會中的佛教比丘的出家動機，大致可以
列為三類：以宗教出世為目的的；以逃避社會現實的；貪圖
僧伽舒適生活的。❸ 如果從潛意識深處考察，它們分別屬於
自戀的情感脆弱的或者依賴性的。再從社會存在上找根本動
機，則無非是：謀得受教育和改變社會地位的機會；順從一
般社會習俗和輿論壓力；或是報答父母，在泰國特別是報答
母親的養育之恩。順便說，在南傳佛教國家，出家的沙彌也
好，比丘也好，他在寺廟中做多長時間的和尚❷完全取決於

---

❸ M. Spiro, *Buddhism and Society*, p. 322.

❷ 這裡的「和尚」，只是從世俗人的眼光來看、來稱呼的，僅表示「出家
人」、「僧人」而已。

其出家的動機。雖說僧伽中不乏窮經皓首的學問僧人或遠近聞名的禪師，但社會上普遍地接受這麼一個事實：並非所有接受剃度儀式的人都要終生留在僧伽中修行。因此，出家，尤其是出家做沙彌，真正成為了青少年的成年儀式。

　　另一方面，南傳佛教從古代以來，一直承擔了社會中文化教育的責任。直到西方現代教育觀念和制度被引進以前，東南亞社會中的初級教育——識字和簡單的算術，以及中級教育——多半是巴利文這樣的宗教語言學習，都是由寺廟中的僧侶承擔的。直到今天，社會下層的，如像泰國北部的農村（那裡的經濟發展相對落後於全國其他地方）群眾，其子女的教育仍然是由寺廟負責的。因此，為了學習文化，為了取得改變社會地位的機會，農民的孩子都會出家；又由於出家做過和尚，表明一個人有情義，能知恩報恩，受社會尊重。家中殷實的青少年也是不能不服從社會輿論的壓力而出家為僧的。東南亞社會中對於離開寺廟還俗的僧人是沒有歧視眼光的，因此無論出於何種動機，在寺廟中待上幾個月或幾年然後回到社會中來，總是受歡迎的事。無論如何，在寺廟中學習到的基本讀寫技能和佛教的基本道德信條，對於社會和家庭都是有益的。作為在家的佛教徒——以往的和尚，此後的一生中，那怕已經還俗，對於僧伽也是願意護持的。我們再次看到，佛教互利的、交換的功德觀，同樣存在於東南亞青少年的成年儀式——出家為僧的宗教習俗——上面。

　　對於出家為僧的青少年，除了他要信守獨身和儉樸生活

的誓言，寺廟中的生活應該算是舒適的，在那些家境貧寒的小和尚看來，尤其如此。再加上佛教從來堅持的中道原則，僧團內並不會採取嚴酷的修煉制度。何況出家的僧人經濟、社會地位都得到不同程度的提高❸。下面我們來看泰國北部地區的剃度儀式，以顯示現代佛教中，傳統宗教文化觀與正統佛教儀軌的綜合。

　　鄉村的剃度儀式一般為期一天或兩天。按照泰人的習慣，出家的儀式手續開始以前，先有一個預備性的儀式，叫做「收魂」或者「收心」。泰人出於古老的泛靈信仰，相信人有32種不同的魂魄，這有點像舊時中國人相信三魂七魄一樣。所有這32種魂魄平時都有著向外的物質欲望，所以普通人才會有喜好聲色犬馬的傾向。為了使打算出家的年輕人不放縱聲色，要把他的魂魄收回來，通常要舉行一個收攝魂魄的儀式，另外會給要受剃度的人一個護身符。這是一個用手捂住自己眼耳口鼻的猴子雕像，意味著心猿意馬給收束起來。但佩戴這個護身符並不必然與收魂儀式相聯繫。

　　剃度儀式分兩階段，先是收魂，其次才是佛教的正式出家(pabbajja)儀程。收魂儀式是在受剃人的家中舉行的，主持儀式的是在家人，但他必須是佛教居士，或有過出家經歷，甚至還有通靈的經驗。他平時也主持鄉村中的婚禮、新房上

---

❸　這一情形同我國的僧團成員的家庭背景也多相似。筆者曾對國內佛教
　　僧人的家庭經濟背景留意多年，發現大多數僧人都來自農村，尤其來
　　自相對貧困的地區。

檫或別的什麼宗教儀式，因此也熟悉唱念講說一套方法。這
個儀式往往是全村寨都要參加的，因此免不了有熱鬧的吃吃
喝喝。通過儀式，主持人將受剃度者的「魂(khwan)」從以往
它們對世俗享樂上拉回來，以保證年輕人能信守他將要在佛
寺的戒堂（布薩堂）中許下的誓言。為了引誘魂魄，得準備
一個漆碗或一個裝飾得很花俏的五彩樹，它象徵人與神靈界
的聯結。簡短的儀式之後，會在將受剃者的手腕上繫一根紅
色聖線，意思是已經將所有魂魄召回來並拴起來固定住了。
當然，剃度準備工作還不止這些。「收魂」之先，寺廟中的剃
度師就已經將受剃人頭髮剃掉並給他穿上白衣。這象徵著他
已經進入了離凡而未入聖的中間地帶，雖然還沒有被僧伽接
受，但他也不在紅塵中間了。「收魂」儀式的最後環節，是吃
喝已經差不多的家人親友鄰里都前呼後擁地送受剃人去要出
家的那個寺廟中。遊行隊伍有的也有吹吹打打的樂器相伴，
等到離寺廟有一定距離後，才把受剃人打扮起來❸，使其成
為悉達多王子——出家前的佛祖——的模樣；然後騎上馬往
寺廟走去。總之，一切是再現釋迦牟尼的出家求道的歷史。

　　進到寺廟中，遊行隊伍在將行剃度儀式的佛殿（通常就
是僧人們聚集作布薩懺悔的地方，也是授戒的地方），繞殿堂
三匝，以示禮敬。在進入戒堂（佛殿）以前，在表示授戒區
域的石頭前磕頭。那界標石叫「結界石(sima bandha)」，也就
是規定清淨戒儀式範圍的石頭」的意思，戒堂四周有八塊標

❸　也有在家就打扮好了的。

石表示範圍大小，正中還有一塊石頭表示戒壇核心。在認為已得佛祖悲憫，原諒了自己以往的過犯以後，受剃人進入戒堂。進門之前，受剃人的親戚之一會扮演魔羅，假裝阻攔他進去，這象徵喬答摩王子也受過的嬈亂。佛殿中的佛像跟前，已經呈扇形地分坐了十名和尚。受剃人向他的授戒師父三次磕頭，並奉上香燭等禮物和僧服。他三次表示要以佛法僧為歸依，請求許可「進入世尊的教戒」。戒師收下禮品和僧衣，開示受戒弟子三皈依的涵義，並讓他靜心禪定，思想人生無常，五蘊難久。接著受戒人在另一位和尚——他是受戒人的羯磨師（軌範師）——指導下，一一聽受十重戒的教訓：不殺生，不偷盜、妄語、邪淫、飲酒，，不非時而食、塗飾香鬘、聽視歌舞、坐高廣大牀，以及不蓄金銀財寶。然後受戒人從另一羯磨師（戒法師）領受巴利文的戒名，那是他出家後的法名。這位羯磨師同時會將一個乞食缽挂在受戒人的左肩上，讓受戒人辨認自己的食缽和三衣。羯磨師還要當眾問他一些儀式性的問題：

你有否患有麻瘋病或別的皮膚病？

你是人還是非人？

你出家是否得到了父母許可？是否為了躲債？

如是等等，問題一一得到澄清，羯磨師便將受戒人引見給佛殿中的僧眾，三次問大家能否接受這個新成員。如果大

眾三次均沉默無語，便表示僧伽同意接納受戒者為沙彌了。
於是，授戒師又再作開示，告訴受戒人在僧團中生活的基本
涵義和要求。

所有東南亞地區的佛教授戒儀式的程式大致相同，其標
準法式是以斯里蘭卡大寺的軌範為依據的❸。但有一點不同
的是：所有國家當中，唯有緬甸可以有女孩子參加剃度。

在緬甸，「剃度」稱作"Shinbyu"，它是緬甸社會當中少
男少女的青春過渡儀式。就是說，女孩子也可以參加剃度而
得在寺廟中短期學習。但她還依然住在家中，去寺廟只是為
了上學。筆者見過一張記錄Shinbyu儀式前親友聚會的照片，
十來個少年男女都身著王子或公主打扮，在一個裝飾如同宮
殿的亭子中間，聽講故事以及看什麼表演。據說，這種娛樂
也是儀式的一個部分。通常表演娛樂之後，便是為女孩穿耳
環孔和為男孩剃頭。泰國的女孩子並無這樣的青春過渡儀式。
筆者認為，這同緬甸婦女的地位較高是分不開的❸。緬甸社
會中，婦女在生產勞動中往往承擔比男子還多的分額，在家
庭中發言權和決定權也就更多。緬甸在淪為英國殖民地以前，
即19世紀初，婦女的識字率就同男子差不多。這種歷史文化

---

❸　參見Henry C. Narren, *Buddhism in Translation* (New York: Atheneum Press, 1763), pp. 393ff. 以及Vajirananavarosana, *Entrance to the Vinaya* (Bangkok: Mahamakut Un., 1960).

❸　參見Jose Ignacio Cabezon, ed. *Buddhism, Sexuality and Gender* (Albany: SVNY press, 1992), ch. III.

傳統不僅影響到諸如成年禮這樣的儀式，也影響到僧伽結構的成分。

我們知道，古代印度的婦女地位就遠低於男性。即令倡導平等、反對種姓制的佛教也仍帶有男尊女卑的觀念。佛祖本人也是在極不情願的情況下才同意他的姨母大愛道等一些女性出家的，佛祖專門為此制律，規定比丘尼在僧團中地位低於比丘的禮教。同時還預言，因為婦女加入了僧團，會使佛法留住世間的年限縮短。比丘尼戒法體系曾隨摩哂陀長老的妹妹僧伽蜜陀（也是阿育王的女兒）傳入斯里蘭卡。古代錫蘭因此曾有活躍的比丘尼僧團。中國南朝時的比丘尼僧團，就是以錫蘭的受戒女軌儀為準式的，那是西元5世紀中期的事❸。但是在印度，也在5世紀中期，比丘尼僧團便消聲匿跡了。在斯里蘭卡，經過多次戰亂，11世紀以後，也沒有了比丘尼僧團。而學者們認為，比丘尼戒傳體系似乎從未傳入東南亞地區。因此，今天，在斯里蘭卡和緬甸、泰國、柬埔寨以及老撾，都沒有比丘尼僧團。但這並不意味著婦女在佛教制度中沒有貢獻，精進而虔誠的女性修行者同樣活躍於上座部佛教社會中，她們引人注目的地方，往往是更加持戒精嚴，實現了傳統主義的色彩。雖然沒有了比丘尼僧團，在斯里蘭卡，仍有沙彌尼的團體，同時社會上還有一批專門修持佛教守比丘尼戒法的「持戒女」，儘管人們並不承認她們有比丘尼

---

❸　南朝宋元嘉六年(429)錫蘭有八位比丘尼到京城。元嘉十年(433)，鐵薩羅為首之十一位錫蘭比丘尼又到京城，並在中國傳戒。

身分；在緬甸，她們稱「十戒女(thilashin)」；在泰國，她們是
「白衣女」。緬甸的十戒女同男性僧人一樣可以到世間乞食並
得供養和尊重，同時她們也可以受沙彌尼戒（只是不能受具
足大戒而已）。因此緬甸社會承認出家的女性一樣可以成為世
間的福田，她們也可以得世間的供養。

以上所說，顯示了同樣一套上座部佛教的文化體系，及
其出家剃度儀式，在不同國家有不同實踐差別。緬甸婦女地
位稍高，所以剃度儀式包含了剛入青春期的少女；泰國文化
除了印度婆羅門教的影響，還有原始薩滿文化的較明顯痕跡，
所以剃度儀式之前有一個「收魂」的程序。其法船節或燈節
的內容也反映了中國和印度的文化影響。總說起來，上座部
佛教文化由於與東南亞各種文化源流的交互影響，體現了形
態的豐富多樣。從教理說，上座部出家儀軌指示了最高形態
的宗教理想；從象徵角度看，它再現了歷史上的佛陀及其宗
教尋求意義；從文化社會的結構角度看，它揭示了社會對於
成年的意義的肯定；再從文化人類學角度看，儀式本身說明
了東南亞地區確實是中印文化的交匯地，也是本地文化與外
來文化互融互攝的結果。

**婚禮及壽禮** 借助青春期的過渡儀式，青少年被社會接
納為成年人，連帶著也就宣布了他們應該對社會負有的責任、
義務。從這個意義上看，青年男女的婚嫁也會面臨著嚴重的
危機，也要借助相應的婚嫁禮儀活動來化解危機，保證個人、
家庭和社會的安全感。進入現代社會以後，以宗教觀念為基

礎的婚禮儀式似乎式微了，這本身反映出宗教文化的地位變
遷，也反映出人們不再像往昔那樣看待自身與社會的義務關
係。現代化的來臨至少從形式上取消了社會成員在青春期到
來時，應藉以明確自身社會責任的宣誓。因此，在南傳佛教
社會中，目前尚存的成年禮儀和婚慶儀式，也只有看作傳統
的餘輝了。

　　從道理上講，出世修行的佛教僧侶應該與非常世俗的婚
禮沒有關係，也跟意在尋求延年益壽的老年禮或壽禮沒有多
人關涉。但社會生活的邏輯卻將僧伽的宗教服務功能也調動
起來，並將其置於功德交換的基礎之上。從歷史角度看，可
能有人會說，這是基督教進入東南亞佛教社會後的影響。但
我們認為這更體現了印度婆羅門教的久遠影響。作為宗教源
流之一的上座部對世俗婚姻也會提供某種神聖性的擔保，這
就包括通過相應儀式將佛教的超自然力轉移到婚姻關係中
來，也轉移到家庭和社會中來，實現僧伽社會與世間的聯結。

　　泰國的傳統婚禮可以看出原始泛靈崇拜和婆羅門宗教二
者的餘響。婚禮通常在新娘的父母家舉行。參加婚禮的往往
有遠親近鄰，婚禮的日子連同前前後後的幾天都有宴席，所
以開支相當大，嫁女兒甚至有把娘家錢財耗盡的。主持婚禮
諸禮儀的倒不是佛教僧人，但他必須熟悉佛教的日常經典，
能說能唱。泰人稱之為mo riak khwan，意思是「魂師」，會召
喚魂靈的醫生。魂師不必是巫師或薩滿醫師。和尚通常仍是
婚禮上不可少的宗教人物。天剛亮，一天的酒席菜肴就開始

準備了。親戚朋友們陸續到齊，大家聚在主人家的客堂大屋，
有時專門為辦喜事而搭一個彩棚，充作客人安坐舉行儀式的
地方。早上10點左右，廟裡的和尚便到了，一般和尚數目為
五或七或九。進門以後，他們沿屋子前面牆邊安坐，正好在
屋內供奉的漆成金色的佛龕前。佛龕中的佛像已經用香花等
供養過了。從佛像上牽出一股白線，聯結到一個銀缽下，缽
中是給新郎新娘的魂魄的供物。和尚到了以後，儀式就可以
開始了。那位魂師領在場的眾人誦念三皈五戒經，並對三寶
致敬，然後請僧人們誦經。婚禮上所讀誦的，是南傳佛教中
應用極廣的護咒經(*Paritta*)，最有名的是《吉祥經》(*Mangala
Sutta*)和《慈悲經》(*Metta Sutta*)，也是婚禮中必誦的。

　　誦經完畢，魂師便上場說法。魂師說法極富感情色彩和
表演風格，有時高聲恫嚇，有時委婉奉承。他的聽眾既像是
眼前女方的親友，更像是眾人見不到的新娘新郎的魂魄。魂
師說法結束以後，復請和尚主持繫聖線儀式。後者從那聯通
佛龕與銀缽的聖線——經過儀式祝禱，它已經具備了特殊的
力量——的一段，把線拴在新郎新娘的手腕上。在場祝賀的
親友也都依和尚的方式為新婚夫婦繫線於腕上。依北泰地方
的說法，這麼一來，新郎新娘的魂魄就結合在一起了。從而，
無論在生理還是精神這對男女也就結合了。

　　婚禮的最後節目是向僧人供食和獻禮，然後和尚們便告
辭離開了。通過供養答謝，肯定了佛教方面的功德轉移。借
助僧伽特殊力量，加強了原始泛靈觀念背景下的婚姻結合的

意義，也保障了新家庭和雙方父母的幸福。正式儀式一結束，
歡宴也就開始。中午客人們享用豐盛的酒席之後，整個下午
都是聊天敘舊的時間，新娘的家中這段時間有人進進出出，
送往迎來，寒喧敘禮。然後，傍晚時分又是晚宴開始。晚宴
多了一個節目，地方上的樂隊（它的樂器是鐃鈸鼓鑼笙之類）
或者泰戲班子。歡慶氣氛也就更為濃烈。晚上9點，新婚夫婦
的父母和叔伯舅娘將這對兒女領到新房去。洞房通常在樓上。
在往洞房的路上，也有一些青年男女假裝阻攔，藉以索要糖
果喜錢之類。得到打發之後，他們才許新郎新娘過去。婚禮
幾乎持續十幾個小時，這段期間，新婚夫婦只能拘謹地待在
屋內，既不能說話也不能吃喝。

　　**壽禮儀式**　在泰國社會中，為滿60歲或72歲或84歲的老
人舉行壽禮是普遍的。這中間滿60歲的儀式又最常見。如像
婚禮有和尚到場，壽禮的老年儀式也有佛教的祝福。泰人管
壽禮儀式稱su'bchatā，意為「生命的延長」，猶如我們說益壽
延年。出錢舉行老年禮或壽禮的，可以是個人或者他的家人
或者某個社會團體。行此儀式似乎主要不是祝賀，而是為了
去邪消災，乞求好運、財富、長壽。這個儀式表面上看是為
了紀念第五個12年一輪的週期──中國人稱為「甲子」──
的開始，但泰人如果想要組織這麼一個儀式，通常是因為有
病，或者聽算命占卜者的預言，說會有厄運災難；要不就是
新房建成求吉利；當然也有出於求功德的目的而為紀念某位
長老的僧階晉升而舉行的❸；　也還有因社區遇流行病或天災

之類而籌備此儀式的。

　　到壽禮舉行之日，主屋內佛龕前會立一個三腳架。架子用竹竿搭成，法師——這裡指「作法之師」或司祭者，並不一定是和尚——就坐在三腳架下邊。一根白色的繩子從佛像引出，另一頭拴在三角架上，再在法師（行儀者）的頭上繞三圈。佛龕前的供臺邊立有一根齊人高的大燭。三腳架的每只腳邊上各有一堆食品，也就是甘蔗、椰子、香蕉和盛滿水的罐子，幾個盤子都堆放著不同的供物——糯米飯團、檳榔子、已脫粒及未脫粒的稻穀，種類有108種。法師坐處的背後立有一棵竹竿裝成的「彩樹」，上飾60面小旗。行壽禮的屋子給布置成有如壇場這樣的環境，供養物的108數字據說象徵了婆羅門教認為的108種宇宙能力，也同我們中國人說的三十六天罡和七十二地煞的總數相同。總之，按泰人的說法，這"108"中包含了四大五蘊的數目字，也包含了三寶七佛的數字。簡而言之，壽禮舉行的場所將會溝通以佛陀代表的超自然界與現世間的聯繫，而僧伽的儀式操作才使兩個界面結合起來。

　　壽禮儀式一開始，先由法師本人點上供案上的小燭，然後再點那根一人高的大燭。法師一面唱念三皈五戒表示儀式開始，一面籲請諸天鬼神天龍八部下來護法。法師重新在他布置的壇場中央坐下，和尚們便開始誦念護咒經和吉祥經等。借助佛祖經教和僧伽戒行的力量，人們期待的功德和鬼神的

---

㊳　在我國雲南西雙版納地區，凡有升和尚——僧人學銜僧階的晉升時，
　　也有做此壽禮的。

護持便實現了。僧人們的唱念大約持續一小時，到正午時分，行對僧伽的供養。僧人們用食之後，儀式正式結束，然後是所有到場的賓客們的歡宴。

**喪葬禮**　從人生週期的變換和過渡看，南傳佛教為之提供的相應的禮儀制度：出家是為青春期開始時的青少年準備的儀式；婚禮進一步表達對個人社會責任的肯定；壽禮則再次重申社會與個人的關係。站在佛教理論立場上，出家的社會意義在於揭示一種生活方式，理想地說，它使人開始擺脫業(Kamma)的控制力和由其造成的後果——輪迴世間(Samsara)，也使人擺脫存在的一般特徵——苦(dukkha)。相對言，佛教的具足戒禮儀包含了更徹底的宗教性，它也是過渡禮的繼續和肯定，表明已經在宗教集團中生活的個人，徹底放棄了回到世間的可能。至於喪葬禮，它包含了更多的對生命涵義的揣測。對活著的人，喪葬儀式提供了功德和心理慰藉；對於死去的人，它表達了尊敬，肯定了死者的最後過渡。不言而喻，這說到底仍然是為著死者所離棄了的社會，是為著尚活著的人的。唯其如此，在東方社會，自然也包括東南亞，喪葬禮具有節日的喜慶氣氛，中國人稱死人是「白喜事」，相對於結婚的「紅喜事」，就反映出喪葬的社會意義。哀悼之餘，喪葬之禮的目的主要在於肯定家庭與社會的團結與延續性，這是就儀式的社會功能說的。對於宗教自身，它肯定的是死者在另一世界的「新的生活」。因此佛教的喪葬禮除了確認死，也有慶祝生的意思。

　　在東南亞，喪葬儀式通常在家中或寺廟裡舉行，但具體節目是大同小異的，所有的差異只是因為死者的身分、其家庭地位、死亡的原因——是暴死還是無疾而終——不同造成的。喪葬儀式的主角是佛教僧人，和尚們所唱誦的經典包括阿毗達磨（論）一類的經文。至於在喪葬儀式過程中的說法，和尚們在布道時會更加強調人生無常，善惡報應就在眼前的思想。他們也會勸人加緊積累功德，為將來什麼時候總要實現的涅槃目標努力。佛教的喪葬儀式作法，在宗教人類學者看來，已經包含了很多薩滿文化的內容，往往還有驅除惡鬼邪靈的功能。

　　當代人類學家的社會調查顯示，南傳佛教對於泰國鄉村社會中的喪葬儀式有極強烈的影響❸⑨：當死者尚在彌留之際，就要在他的耳邊念曼陀羅咒。念咒的人或者是早有準備預先請來的和尚，或者是類似「魂師」這樣的有過寺廟生活經歷，且有通靈傾向的在家人。咒語又稱「佛語(Buddho)」，在北泰地區的咒語是四字真言，據說它象徵了佛教阿毗達磨經典的結構和神聖力量。這四個字分別為「濟、策、如、尼」，分別象徵心、心念（心所）、色身和涅槃。這四字真言，也可以書寫下來成為符咒，再放到死者的口中❹⓪。人死之後，家屬會

---

❸⑨　J. Tambiah, *Buddhism and Spirit Cults in Northeast Thailand*, ch. 11. Konrad Kingshill, *Ku Daeng: The Red Tomb*. Village Study in Northern Thailand (Bangkok: Suriyaban, 1976)，pp. 206 ff. 美國國會圖書館還有這麼一個影視資料：Buddhism: Be Ye Lamps Unto Yourselves.

有場真正的「號喪」，以向村寨全體宣布某家已經死了人。死者的衣服先給除去，認真地清洗身體，因為髒著身體，進天堂是很困難的。死者的雙手相抱放在胸前，再用一根線分別在手腕、腳趾和項上都纏上三匝，以制服貪瞋癡三毒。等到臨火葬焚燒前要把線摘除，意思是由慈、悲和禪定三種力消除了三毒。

停喪的期間，死者頭上應有這些物事：死人的魂魄要用的食物和飲水；一盞照亮死者往冥界去的道路的燈；一面尾端分三岔的旗幟，它象徵三寶的力量。香花放到死者手中，通常香花是供奉佛像用的。最後，還要在死者口中放上一枚金屬硬幣或者在屍體周圍放上一組金銀製的小旗。那是用來收買鬼怪的，希望它們不要阻撓死者的魂魄上天。

裝斂到棺材中的遺體或馬上火化或停放七天或更長，但火化總要等直系親屬到齊後才算合適。有的著名高僧，靈柩有停放達一年之久的。棺木的製作也有講究。棺底必須是三塊木板拼合，那象徵著佛教的宇宙結構——欲界、色界和無色界。棺木抬出屋時，頭應指向西方，那是死人的國度❶。泰人的住房傳統地都是欄干式建築，或為竹樓或為木樓，人死以後，要從樓上另外搭一個有三級臺階❷——欲界、色界

---

❹　*Wells' Thai Buddhism: Its Rites and Activities*, pp. 214 ff.

❹　泰國人平時睡覺，總是頭朝東方的，東方是生者的區域。泰國佛寺也都面東背西。

❹　這三級臺階據說也象徵佛教世界中的三個層次。

和無色界──的梯子。棺材下樓後不能走平時家中人用的樓梯。棺木到屋外，在送到火化場之前，送葬的人要抬著它在村外亂轉幾圈，讓死者的魂魄暈頭轉向，免得他不肯離去，又摸回家中來了。等遺體離家，便要拆除新搭的樓梯，待火化完成，人們相信死者就有可能到了天界或入涅槃了。

　　從有人死去到停喪再到火化的這個期間，是喪家甚至全村寨都最忙碌的時期，如果並非暴死，死者的家中又很富裕，那麼停喪期間每天晚上都會開筵席，人們其實很高興地吃喝甚而賭博玩樂，也有請來戲班子的，情形如同過節。到了白天，寺廟裡的和尚會來誦經，中午時分要對僧人供養食物並贈送禮品。雖然從常情上說，通宵達旦的喧鬧不利於死者的魂魄離去，但喪禮的活動顯然另有社會意義，多半為了加強社區的團結和整合。

　　發送的日子得挑吉日。到時，抬著棺木的隊列從死者家往寺廟或火化場遊行。隊列的規模取決於死者和家庭的地位權勢。如果是寺廟中的高僧遷化，通常還要組織一個有108人新受戒的剃度儀式。火化以前，在廟裡或火化場還要由和尚誦經，然後說法，再次向信眾曉諭佛教基本的倫理與生死大事的關係。下面是一篇這種場合開示說法的摘要❹：

　　　　諸善知識，大家要我在這裡為死去的某信士積功德的
　　　儀式上講幾句話。真正的佛教善知識能夠款待客人的

---

❹　同前Kingshill, Ku Daeng: The Red Tomb, pp. 220–223.

只有兩件東西：食品所需和法師所言，那是諸位善知識唯一可從這裡帶回家去的東西。今天我對諸位談談死亡。

人生一世難免一死。死這件事，沒有人能夠例外。死亡是或遲或早的事，沒有永遠不死的人。有的人說，人要死了，難受的是家人和朋友。人死和別的動物死去不同。別的東西死去，它的皮肉還可以為人所用；而人一旦死去，他唯一能留給我們的只有善行懿言，讓我們時時不忘。我們今天來參加死者某的葬禮，好像來給某位去異國他鄉的朋友送行。我們現在就在給死者某送行。我們當然不樂意他離開，但他的時候到了。不能不走，誰也阻攔不了。我們能做的，也只是求功德並將功德轉薦給他……大家都要記住，人人都有一死，並非我們今天發送的這位才會死。問題是我們要有所預備。

佛祖辭世時沒有一點難過，因為他知道死就是這麼回事，我們遇見死亡就會傷心流淚，因為我們並未真懂佛祖的意思。佛祖說過，死亡不過是名色二者的離散變化。要知道，在這世上，那怕生命或物質也要磨滅，沒有永遠不變的東西。

有人問，人死後魂魄會往哪裡去？我們會說，魂魄會再生，再入輪迴。按佛教的說法，如果人的靈魂為貪瞋癡所汙染，就會投胎再來世間；但他如果心地清淨，

就會進入涅槃。佛祖的心就是清淨的，所以他的魂魄就往涅槃界去了，不再投入輪迴……我不想講得太多，因為我已經講了好一陣了。結束之前我只想強調，死亡是不奇怪的事。它不是哪個人的特權，而是人人有份的東西。時候一到，我們都會死，究竟什麼時候死是……魔羅——死亡之主安排的。

如果我今天說這些話，有什麼功德，我願將它迴向死者某某。我願此功德助他安居其所，令他往生善處。

如果他的魂魄還在什麼地方逗留，捨不得他的家人和產業，我願此功德助他捨棄對此世間的貪戀。

最後，我願得佛祖力量加被，使大家長命長壽，六時吉祥，形容美好。


遺體火化時，連同木棺放到焚化的柴堆上。點火之前，和尚們還會在棺前誦經，隨後將人們為謀功德而布施的僧衣從棺蓋上拿開，一面用巴利文念誦經偈：


世法因緣，生滅為性，生滅滅已，寂靜為樂。


佛教的葬禮集中體現了無常無我的觀念，儘管其關於魂魄的說法明顯屬於民間的泛靈論遺俗。為了宗教儀式的有效與實用，死者的魂識(viññana)是借魂魄來表達的。如果徹底堅持無我(anattā)，死者及其家屬希望獲致的功德也就沒有

著落了。因此喪葬的儀禮本身就是大文化傳統和小文化傳統的結合，正統宗教觀念與民間世俗信念的結合。

我們已經從大眾信仰和宗教實踐的層面上，觀察了東南亞佛教社會中的幾種儀式，希望由此可以揭示南傳佛教在現代社會中的存在狀況，以及它的社會機能。從南傳佛教的宗教儀式、宗教節日和諸如過渡禮或壽禮這樣的民俗儀式，我們希望說：當代的佛教表現出更多的綜合性與包容性，它不能不遷就社會，儘管它也想支配社會。實際上佛教與社會之間是一個相互支持的關係。通過傳統的功德觀念和積累功德的途徑，東南亞社會從佛教僧伽那裡得到了神聖力量和生命意義；僧伽在從事宗教修行，追求理想涅槃目標的同時，也通過轉移其超自然涵義的力量給社會大眾，從而獲得物質支持。佛教同社會的聯繫如此緊密，它的禮儀制度，甚至宗教觀念都同東南亞和斯里蘭卡傳統農業社會的生產生活節奏融合起來，表現在不同的節日性的時令節氣的安排上，也表現在人生週期變化的儀式設置上。所有這些儀式表現出來的，與社會人生的細緻入微的結合，使南傳佛教在現代呈現出更多的複雜性和文化表現的多樣性，因此，我們實際上不可能通過幾部佛教經典、幾個宗教觀念來界定南傳佛教。現實生活中的南傳佛教決不能用傳統的宗教研究方法——教理的、經典的、僧傳的等——來描述，而只能從社會生活的多方面去再現。但現代社會生活的豐富性與廣闊性，實際上使我們已經不可能一覽無遺地把握它。因此，我們只好滿足於有限

的幾種觀察。也就是考察政治生活、經濟生活和文化生活中
的佛教的影響。本書在前面幾章通過玉佛的歷史來描述佛教
與國家政治的關係，這裡又從文化生活的角度切入南傳佛教
社會，通過包括描述僧人在民間的宗教活動和民俗中的婚喪
嫁娶，使人們對當代的上座部佛教有所認識。今天的佛教生
活，不言而喻，其表現出的文化形態已經受到了近二百年來
西風東漸的影響，也已經受到了殖民主義、資本主義和共產
主義等政治文化意識的影響，佛教對於它們已經有了自己的
文化批判，也做出了有損有益的回應。我們能夠說的是，作
為一個偉大的傳統，南傳佛教與現代性(modernity)是可以適
應的，一如它在過去的兩千五百多年中也成功地應付了不同
的歷史挑戰一樣。第二十一世紀的佛教會是什麼樣的呢？我
們只能由近譬遠，看今天的南傳佛教在泰緬等社會中的現狀
如何。本書由於受篇幅限制，只能提供一個大概的模樣而已。

# 南傳佛教史大事記

40萬年前，印度次大陸已有人居住。

距今5000年前，幾大古代文明在印度五河流域、黃河流域、尼羅河流域以及幼發拉底斯河流域已發展起來。

西元前3000年時，今天的泰國東北部的班清(Ban Chiang)就有高度發展的青銅文化，它與後來越南的東山文化應該同源。

距今4000年前，巴比侖文明衰落。

距今3500年前，雅利安人從歐亞某地經印度西北方的山口進入南亞次大陸。

西元前1200年左右，雅利安人進入印度西北部，逐漸與當地的土著居民混合同化。以吠陀經典為代表的雅利安文化兼容並蓄之餘，形成了新的宗教文化形態——婆羅門教。

距今3000年前，新來的印度人已經發明了冶鐵的技術。

　　距今3000年前或者略少些時，印度社會中已經出現輪迴轉世的觀念。

　　約在西元前8世紀，婆羅門教內部也在分化。一種新的思想——《奧義書》思潮在婆羅門教內發展起來。

　　前7世紀到前6世紀，古代的吠陀社會的部落制度瓦解。公有的份地和牧場私有化，以父權制為特徵的耆老議事制度分化出兩種政治制度，一是像跋耆(Vrji)那樣的貴族共和制；另一類則是佛陀時代摩揭陀那樣的君主制國家。此時的國家還只是部落或部落聯盟。

　　前6世紀下半葉，伊朗的波斯帝國正值強盛時期。

　　約西元前5世紀，按《大史》說法，印度萬伽國(Vanga)毗闍耶(Vijaya)王子在佛入滅的那一年，率領他的族人來到錫蘭。

　　約西元5世紀，孟人在下緬甸錫唐河一帶和湄南河流域建立國家。東孟人在今天泰國的曼谷以西和曼谷以北的南奔附近立國，前者是古時候的墮羅缽底，後者則為哈里奔猜。西孟人就是直通國的建立者。孟族的傳統是佛教傳統。直通的孟人國家在11世紀時給新近崛起的西北方緬人國家消滅，成為緬甸的一個部分。

前5世紀前半期，瓶毗沙羅王統治摩揭陀國，首都王舍城，時間約為前544–493年，國勢日強，以武力消滅了東方鄰國鴦伽。

前5世紀後期，瓶毗沙羅王的兒子阿闍世王（約前493–462年）弒父登位。為爭奪領土，先後向拘薩羅、跋耆發動了長期的戰爭。阿闍世王以後，首都遷華氏城。約430年，大臣希蘇那伽利用人民起義登上王位，又征服了阿般提國。

前5世紀，佛人般涅槃時的玉佛已經出現（按《玉佛傳》的傳說）。

前563–483年，是南傳佛教地區的人民所相信的釋迦牟尼佛生活傳道期。佛在29歲時出家，到36歲時證道開始，他有45年的時間在天竺說法、宏化不止。到80歲，佛本人般涅槃於拘尸那伽城。

前521–486年，波斯大流士統治時，勢力一度擴張到印度河流域的犍陀羅、俾路支和印度河流域。以後300年間西北印度成了古代波斯、希臘和印度文化的交匯地。

約前500多年，印度大陸的雅利安人也就有渡海到達錫蘭島的。

前364年左右，在摩揭陀地區出現了難陀王朝。至此，恆河流域從諸國分立的局面走向了統一。

前327年，馬其頓的亞歷山大的軍隊侵入西北印度，他雖在前325年撤出了旁遮普地區，但希臘文化由此滲入西北印度。

前326年，印度西北的重要城市旦叉尸羅(Taxila)——它是當時的婆羅門宗教文化的中心地之一——曾經一度被馬其頓來的亞歷山大皇帝的軍隊所征服。

前324年，旃陀羅笈多（月護王）稱王，然後進軍恆河流域，推翻了那裡的難陀王朝，定都華氏城，建立了孔雀王朝（西元前324–187）。

前4世紀至西元前後，佛教從最初的分裂為上座部和大眾部，發展到大月氏貴霜王朝的建立（1世紀前期），形成了很多獨立的派別，佛史稱為部派佛教時期。

前4世紀末，西北印度受到馬其頓的亞歷山大的侵略並留下了一些希臘化城市國家，希臘的造像藝術在300年中足以刺激當地產生佛教造像藝術。

前3世紀中期，阿育王在位（約前269–236），孔雀王朝達到

了極盛，統一印度。

前3世紀，在孔雀王朝的首都摩揭陀舉行了由目犍連子帝須(Mogaliputta Tissa)長老主持的第三次結集大會。大會肯定了符合佛陀本懷的教義和紀律規定（戒律），還從僧伽集團中驅逐了一部分懷有邪見而不肯改正的僧人。這次結集發生的時間約西元前247年。

前3世紀，翡翠玉佛到了楞伽島以後，過了二百年還沒有給送回來。

前3世紀到西元前後的佛教文物中，已經有了波斯的、大夏的外來藝術的影響成分。

前3世紀，阿育王曾使「希臘王安條克所住之處，及北部的托勒密、安提柯、馬伽斯以及亞歷山大四王所住之處，南部的朱拉王國、潘迪亞王國和錫蘭，皆得法勝」。此中安條克（前261–前246）指塞琉古國（小亞細亞西岸，西亞和中亞的一部分）；托勒密（前285–前247）指埃及國；安提柯（前278–前239）指馬其頓國；馬伽斯（?–前258）指西林尼國（利比亞北部昔蘭尼加）；亞歷山大（前272–前258）指伊庇魯斯國（希臘西北）；朱拉、潘迪亞則是印度南端的兩個小國。又據南傳佛教傳說，阿育王第三次結集後，由目犍連子帝須長老派遣，十幾位上座分成九路，到

毗鄰國家和地區布教。

前261年，孔雀王朝的第三代皇帝阿育王對那裡發起了討伐。

約西元前249年，阿育王朝拜佛陀誕生地，在蘭毗尼園留下了石柱銘刻。

前207年，錫蘭島的帝沙王死。

前187–175年，巽伽王朝時期。

前2世紀上半葉，阿育王統治時代或稍晚，西北印度的大夏和安息宣布獨立於塞琉古帝國，此時希臘人統治的大夏和安息開始接受佛教。

前187年，孔雀王朝覆滅。

前2世紀末，緬甸最古老的驃國就已經存在。

前2世紀到前1世紀前期，繼孔雀王朝而興起的巽伽王朝勢力曾北抵錫亞爾利特，南面則達到納爾巴達河，成了恆河流域最強大的王朝。

　　前2世紀，南印度侏羅國（即注輦國）曾兩次侵占錫蘭島的北半部；潘迪亞國在前1世紀遣使往羅馬帝國，也進攻過楞伽島。南印度的娑多婆漢那王朝主要信奉婆羅門教，它也寬容佛教的生存。

　　前1世紀中期，杜達伽摩尼王(101–77 BC)時代，整個斯里蘭卡受南印度人攻掠。

　　前1世紀中，一直在東南戈達瓦里河與克里希納河生活的案達羅人，建立了娑多婆漢那王朝（亦稱案達羅王朝）。到西元3世紀以後它已經不復存在了。

　　前1世紀之初，杜達伽摩尼王（前101–前77）率領錫蘭人驅逐了入侵島上的侏羅人。

　　前1世紀後半葉，無畏山寺與大寺形成對立。

　　前44年，按照泰國人的《玉佛傳》，摩揭陀國的王都華氏城有國王彌蘭陀和國師龍軍長老，翡翠玉佛因他們發心而完成。

　　前43年，錫蘭國內的叛亂和泰米爾人的再度入侵，造成人民巨大痛苦，著名的大寺完全荒蕪了，一些僧侶再度捲入愛國鬥爭的行列。

　　前29年，伐陀迦摩尼・阿巴耶王（前47-前17）恢復了僧伽羅人的國家，為了報答一位摩訶帝沙長老在他失國期間對他的幫助，該王摧毀了一座耆那教寺廟，在廢墟上建造了無畏山寺，由這位摩訶帝沙主持。

　　前2年，大月氏王使伊存便已經向東漢的一位博士弟子授「浮屠經（佛經）」。這也是見之史書最早的佛教傳入漢地的記載。

　　第1世紀，潤那的國名已經出現。有說早在阿育王時代即西元前3世紀時就有了「潤那」的地名。

　　第1世紀時，大乘佛教及菩薩信仰興起。印度西北部的佛教造像藝術興起於同時，同時期的德干高原中部，也已出現阿摩羅婆提（Amaravati，在安德拉邦）另一風格之佛像藝術。實際上，第2世紀初，那裡似乎還只有佛足崇拜，但2世紀末，阿摩羅婆提已然出現造型精美的佛像。

　　第1世紀，案達羅地區還出現了叫做「方廣道人」的另一極端派別，亦稱「大空宗」，龍樹斥之為「惡趣空」。

　　1世紀的後半期，錫蘭國王伐陀迦摩尼・阿巴耶(Vattagamani Abhaya)王統治的時代，所有的佛教經典被書寫下來。

　　1世紀，扶南便有了女王的統治；到3世紀時，扶南已經可以說是名聲遠播了。

　　1世紀後期或2世紀初，從迦膩色迦王時代才開始佛教造像。在此之前，西北印度的希臘化國家如彌蘭陀土的竭舍國，只有佛的足跡崇拜，而尚未有佛像崇拜。

　　1世紀或稍晚，大月氏中的貴霜部統一北印度。

　　1世紀時的老撾，按中國史籍稱為「哀牢」，其時國中人口已有50萬之多。

　　120年，西北印度受到了來自北方的游牧民族大月氏的侵擾。後者所以自中國北部的大草原西來，因受匈奴軍事力量的驅趕。

　　2、3世紀，已在東南亞落地生根的佛教 —— 它倒不一定就是上座部的 —— 就經海路越過南中國海而傳到了南中國的交趾或廣州一帶。

　　245年，東吳的康泰和朱應出使扶南等國。他們歸國後記述了「金鄰」國，後人考訂以為就是今天泰國夜功河流域一帶，以佛統為中心的孟人國家。

2或3世紀，蓬迪已有佛寺，並有青銅或石雕的佛像，顯然，這是更晚一些時候的文物。因此，佛教傳入此地區的時間可以上推到西元1世紀左右。

320年，印度的笈多帝國建立。

375年時，扶南王名竺旃檀，其後王名憍陳如，在國中實行了印度政治及文化制度等。

3世紀，大軍王(Mahasena, 276–303)時，無畏山的運動得到該王的大力支持。

3世紀，今天的北碧、呸叻和佛丕一帶是稱作金鄰的孟人國家。6世紀時扶南滅金鄰。

3世紀後半期，范尋在柬埔寨為國君(240–287)。

3世紀後期的大軍王(Mahasena)時是一個佛法興隆的時代。佛塔是當時最基本的建築，而隨它一道從印度傳來的佛教石雕藝術很快地結合僧伽羅人的風格而發展起來。

3世紀時，貴霜王朝已經開始衰落，到下一世紀，華氏城的君主把他的一個女兒嫁給了摩揭陀王。該王於是憑藉這一政治聯

姻而強大起來，最終取代貴霜王朝而成立了笈多王朝。

4、5世紀時，南部中國已經有了佛教傳入的確鑿證據。

4世紀初，以薩迦利長老為首，從無畏山部中分出了祇陀林寺部（南寺部）。

4世紀左右，從北印度僧人佛音（Buddhagosa／佛鳴或覺音）來到錫蘭島。佛音在大寺整理當時的佛教經典，並且還寫了一部極其重要的佛教論著，叫做《清淨道論》，這部書是對整個南傳上座部佛教經典義理的消化總結。

403年，按緬甸人自己的說法，錫蘭佛教史上最有名的佛音論師回到緬甸。緬甸人不同意佛音是北印度人。

457年，據《玉佛傳》說，這一年翡翠玉佛從印度到了斯里蘭卡。《玉佛傳》還提到阿律奴陀王，但那實際上是700年後的緬甸王。

5、6世紀時，當摩伽拉蘭王統治時，僧伽羅人為了政治鬥爭的需要從南印度請來泰米爾人的雇傭軍。

5或6世紀，扶南即成了溝通印度和斯里蘭卡與中國佛教文化

的又一重要渠道。扶南最初的疆域東至交趾支那，南到今天柬埔寨的南部，往西直到今日泰國南部。

5世紀時，下緬甸的室利差旦羅已經成為了有名的佛教國家。

5世紀時的遺物表明，今天泰、馬接壤的吉打州武吉梅林，古時曾有佛寺，石頭銘文用印度跋羅婆字體的梵文佛偈；霹靂州也發現梵文碑銘，包括佛偈和某船主祈求平安的禱文。這都是大乘佛教傳入馬來半島的證明。

5世紀以後的老撾，為扶南的屬國，以後又成為真臘、吳哥的屬國。直到14世紀法昂重建南掌國後，還在許多年中間依附於吳哥。

公元第一千紀的中期，今日泰國北部和中部就已經有泰人部落在居住了。

6、7世紀之時，中國的西雙版納地方的傣族就已經接受了從潤國傳進的佛教。

6到11世紀，墮羅缽底上座部佛教國家已存在。8、9世紀之交，受蘇門答臘的室利佛逝和爪哇的夏連特拉傳來的大乘佛教影響。11世紀為吳哥王朝吞併，受其印度教及佛教密教的影響。

656年，中印度的僧人那提（福生）三藏，經斯里蘭卡和東南亞諸國到長安。

6-8世紀的泰人地區。東孟人的國家名墮羅缽底，國都在今曼谷以西30公里的那空佛統，考古發現最早的碑銘為6世紀；其後首府遷往富華里，那裡的碑銘最早為8世紀。7世紀的玄奘和義淨，都把它看作重要的佛教國家。與義淨同時的愛州人（今越南清化）叫「大乘燈」的就在這裡出家，然後隨唐使郯緒回到長安，追隨玄奘修學。

6世紀初，扶南王憍陳如闍耶跋摩連續遣使送珊瑚佛像、天竺旃檀瑞像及婆羅樹葉至梁，同時僧伽婆羅、曼陀羅仙、須菩提等名僧先後來華譯經，說明扶南佛教早在5世紀已有相當的發展。

6世紀時，狼牙修國──在馬來半島北大年、吉打一帶地方──於梁天監十四年(518)遣使攜國書通好，書中多有佛教語言。

6世紀時，高棉人的一塊碑銘說，因陀羅跋摩(514-539)「王歸依佛法僧三寶，信仰篤深，離一切染汙」，該王也曾派使臣入梁向中國獻佛髮、舍利。此時的佛教十分昌盛。

6世紀以後，墮羅缽底文化逐步往西、往北和往東發展，形成了下緬甸錫唐河流域的直通以及北泰的哈里奔猜的上座部佛

教中心。

6世紀以後，泰屬馬來半島諸國的佛教已相當發達。其中盤盤國（在萬侖和斜仔一帶）在南朝梁大通年間(529–534)多次遣使送來舍利、畫塔、菩提樹葉等。

6世紀中期，西天竺優禪尼國（印度烏賈因）的真諦（拘那羅陀）到扶南。西元546年，受梁朝之請，被扶南王遣往梁都傳法。真諦弘揚印度瑜伽行派。《解脫道論》是斯里蘭卡上座系佛教的代表性論著，都經扶南傳來中國。

6世紀左右，是中國的南北朝時代，當時的爪哇、柬埔寨、馬來半島、蘇門答臘與宋、齊都多有使臣往來。中國史籍記載那些地方也已經多半有了佛教信仰。

公元第一千紀中晚期的緬甸和泰國的孟人。孟人從7世紀時就出現在東南亞的歷史資料中，一直到11世紀達到強盛。

7世紀，真臘遣使來隋朝(616)，自述真臘國崇尚佛教及婆羅門天神。

7世紀初期，唐玄奘記載伊賞那補羅國（真臘首府，在今柬埔寨磅同市以北）為當時有名的佛教國家。

7世紀時，南詔便載於史冊。這是一個信奉大乘佛教的少數民族國家。

7世紀時，中國求法僧人玄奘和義淨也都曾提到過室利差旦羅這個國家，說那裡的人民「敬重三寶」。

7世紀下半葉，唐朝僧人義朗到郎迦戍（馬來半島）時，經過這裡。

8世紀初，蘭納泰的前身清盛國(Chiang Saen)成立。

8世紀末，在爪哇夏連特拉王朝作質子的闍耶跋摩回國，將首都遷往荔枝山附近，統一了水、陸真臘，為後來的吳哥高棉王國打下了良好的基礎。

9世紀後，泰人逐步進入湄南河流域。

9世紀末，吳哥因陀羅一世的兒子耶輸跋摩一世(Yasovarman I, 889–900)繼位後，王都正式遷往吳哥。

9世紀末期，因陀羅一世（Indravarman I，877–889）建造巴空山(Phnom Bakong)，模仿爪哇島的婆羅浮屠。

9世紀時，墮羅缽底的國家開始衰落，此時下緬甸的直通國倒強大起來。

9世紀以後，緬甸人在蒲甘地區建立了城市國家。

9世紀中期，吳哥王朝的闍耶跋摩二世(Jayavarma II, 802-850)最先在王都建立了林伽山，請婆羅門祭師到王宮中主持儀式。

9世紀中期以後，闍耶跋摩二世的兒子闍耶跋摩三世(850-877)統治高棉。到孫子因陀羅一世(Indravarman I, 877-889)時，吳哥王朝變得強大起來。

944-968年，羅闍因陀羅跋摩一世(Rajendravarman I)在位，好幾所大乘佛教寺廟已經在吳哥建立起來。廟山的概念也已經完全轉換成陵山。這一時期最有代表性的建築是闍耶跋摩五世(Jayavarman V, 968-1001)和他的婆羅門國師建造的磅替暹粒寺(Banteay Srei)。

10世紀，泰北地方還有幾個不大的泰人國家。如以清萊為中心的帕堯國(Phayao)，還有蘭納泰東南邊的哈里奔猜(Haripun-chai)，後者以今日的南奔一帶為中心地。哈里奔猜在西元7、8世紀時還是以孟人為主體，到10世紀已經成為了泰人國家。

10世紀開始，佛教已經在印度本土衰落了，斯里蘭卡成為了上座部佛教的最重要基地。

10世紀時，泰人已有部落聯盟國家，但仍附庸於高棉帝國。

10世紀晚些時候，墮羅缽底舊地，興起羅斛(Lavo)國家，中心地在湄南河中游東岸的華富里(Lopri)。

公元第二千紀，斯里蘭卡受到了最為嚴重的南印度人入侵。一個叫做「王中大王(Rajaraja the Great)」的侏羅人率領軍隊渡海占領了楞伽島。他攻陷原來的王都阿魯拉達普羅，遷都至波羅納努瓦(Polonnaruva)。

1050–1066年，吳哥的鬱羅耶提跋摩二世(Udayadityavarman II)在位。

1055–1114年，楞伽島上的毗伽耶巴護一世(Vijayabahu I)統治。

1066–1080年，吳哥的哈爾沙跋摩三世(Harshavarman III)在位。

1145年，蘇利耶跋摩二世晚年，另立占婆王。

1150年，蘇利耶跋摩二世去世，占婆國進攻吳哥。

1177年，占婆攻陷了吳哥城，將這座木頭建造的城市付之一炬。

1180年，闍耶跋摩七世的兒子之一叫做多摩林達(Tamalinda)的沙彌，曾隨緬甸的車波多到錫蘭。

1181–1200年，高棉王闍耶跋摩七世(Jayavarma VII)在位。吳哥王朝在隨後的幾十年中達到強盛。

11世紀，翡翠玉佛作為禮品先從錫蘭送到柬埔寨，以後才來到清邁。1436年來到曼谷。15世紀又被當成戰利品送到了老撾萬象玉佛寺。1778年，泰國人攻破萬象時再將它迎到曼谷。

11世紀初，吳哥的蘇利耶跋摩一世(Suryavarman, 1002–1050)登基。他自稱為虔誠的佛教信奉者，但同期的碑銘說明，當時依然是婆羅門教與佛教大小乘並行。

11世紀後半期，蒲甘王朝歸信阿羅漢後，又有另一個孟人僧侶叫般他求的為國師。般他求曾經去斯里蘭卡求學，他大約在1173年歸國。般他求之後的國師叫鬱多羅耆婆的，也到楞伽島求學。正是從這一時代起，蒲甘的佛教直接地同斯里蘭卡聯繫起來，

開始承續了那裡的上座部傳統。

11世紀開始，柬埔寨開始創建吳哥城。

11世紀時，阿奴律陀在蒲甘(1044)即位做國王，正值上座部佛教在整個東南亞的失勢。

11世紀時，墮羅缽底王國被吳哥王朝征服，此後，高棉人信奉的印度教也在這裡傳播開來。

11世紀時，因為楞伽島的統治者要同緬甸蒲甘王朝結盟，而把玉佛作為禮品打算送給緬甸國王。

11世紀中期，鬱羅耶提跋摩二世(1050-1066)建造巴蓬寺。

12世紀，毗伽耶巴護王一世(Vijayabahu I, 1070-1110)領導錫蘭人驅逐了侏羅人，恢復了僧伽羅人的國家。

12世紀初，緬甸王阿隆悉都(1113-1167)曾經對柬埔寨發動了一場戰爭，起因為該王猜疑柬埔寨聯合斯里蘭卡的普拉卡瑪巴護一世(Prakramabahu I)對付緬甸。

12世紀初，緬甸王江喜陀（1084-1113在位）在聽取了印度

前來避難的八名僧人對奧里薩烏陀者利山的阿爛陀寺洞窟的描述後敕命建造的，因此，帕梅尼寺屬印度風格。

12世紀後期，巴羅伽馬巴護王(Parakramabahu I, 1153–1186)統治錫蘭。

13世紀20年代，今日泰北的蘭納泰王國與其南邊的素可泰王國並存。後者的第三代君主拉瑪甘亨(1275–1317)時，國力大增。

1253年，忽必烈的蒙古大軍南下，消滅了在蒼山洱海之間的雲南大理國。

1257年，湄南河中游的素可泰立國。

1262年，泰北的蘭納泰國的孟萊王在清邁建立了王都。

1287年，蒲甘王朝瓦解。

1296年，清邁城開始建造諸多佛像、佛塔。

13世紀後期，蒲甘敗亡，緬甸進入「南北朝時期」，北方一時有三個撣人政權並存，是為阿瓦、邦牙和實皆；下緬甸（即伊洛瓦底江下游）的三角洲地區是勃固王朝。

1317-1347年，拉瑪甘亨的兒子呂泰(Löthai)在素可泰護持佛教。

1343年，《玉佛傳》說翡翠玉佛發現於清萊。

1350-1369年，拉瑪蒂菩提王在烏統附近建立阿瑜陀國。

1350至1787年，阿瑜陀歷代君主一直在同周圍的國家爭戰。

1353年，法昂(Fa Ngum)在湄公河上游琅勃拉邦一帶建立「南掌（瀾滄）」國。

1355-1385年，蘭納泰國的庫納(Ku Nat)王（或拼寫為Kue Na）統治時期。

1359年，湄南河下游成立的阿瑜陀是中世紀最強大的泰人國家。

1361年，阿瑜陀迎來斯里蘭卡使臣，上座部大寺系統正式成為國教。

1362年，盧泰王曾入侵老撾，而後為其殺戮行為「深自追悔」，一度捨身入佛寺。

1369年及1373年，蘭納泰國的比丘弘法使團兩次到西雙版納傳法。

1378年，阿瑜陀消滅素可泰，成為當時中南半島上的一個強大王朝。先是阿瑜陀的波隆摩羅闍王(1370-1388)打敗了素可泰的摩訶曇摩羅闍二世(1370-1406)，素可泰淪為阿瑜陀的屬國。到1438年，它終於又合併到阿瑜陀王國中成為一個行省。

1383-1389年，吳哥帝國的最後一位君主叫做達摩索卡的(Dharmasoka)在位。

1388至1411年，依據清邁的一部《玉佛傳》說，翡翠玉佛在清邁受供奉，當時的國王叫做森苗瓦(Sam Muang Ma)。

1397-1431年間，阿瑜陀的軍隊曾三次攻入柬埔寨，兩陷吳哥都城。翡翠玉佛就在此時離開吳哥流落到阿瑜陀。

14-15世紀的阿瑜陀。 14世紀中期，拉瑪蒂菩提王(1350-1369)由楞伽島請來大德高僧為泰人僧王，並要求泰國的佛教統一於巴利語聖典，一切威儀行事悉從大寺傳統。波隆摩羅闍王(1369-1370)應斯里蘭卡吉提希里羅闍辛哈王的要求，向那裡派去了以優波離為首的15名比丘的傳教使團，建立了優波離教派，即暹羅教派。阿瑜陀王國同中國明政府保持著良好的關係。明洪武

十年(1377)，暹羅王的侄兒那空膺來朝，明廷頒給「暹羅國王之印」。1408年那空膺(Inthraraja, 1408-1424)在位，出使南洋的鄭和率船隊經過阿瑜陀。據馬歡的《瀛涯勝覽》記，暹羅國「崇信佛教，國人為僧尼者極多。僧尼服色與中國頗同，亦住庵觀，持齋受戒」。

1424-1448年，阿瑜陀的波隆摩羅闍二世(Boromaraja II)在位。

1431年，阿瑜陀的泰人對柬埔寨帝國發動了大規模的軍事入侵。

1431年，吳哥王死，還在治喪之時，暹羅人向帝國發動了致命的進攻。

1441年，蘭納泰的三界王(Tilokaraja)登基。

1468年前十數年，翡翠玉佛即到南奔並在那裡受到供養。

1472-1492年，勃固王朝的達磨悉提王(Dhammazedi)在位。他早年曾做過比丘。

1475年，達磨悉提國王派遣僧伽求法使團前往斯里蘭卡

（錫蘭），為首的僧人是目犍連和悉婆利二人，連這兩人在內一共有22位比丘，另外還有22位沙彌。「凱拉尼耶戒壇」為法式。

1477年，蘭納泰舉行佛教結集活動，再次整理巴利文三藏。

1486-1752年，東吁王朝。經最初幾位國王的勵精圖治，緬甸完成統一。莽瑞體王(1531-1551)先消滅了勃固王朝，統一下緬甸，其兒子莽應龍(1551-1581)消滅阿瓦王朝，統一了上緬甸。

14世紀，闍耶跋摩波羅彌斯伐羅(Jayavarman Paramisvara, 1327-1353)在登基以後開始護持大寺一系的上座部佛教。他要求佛教僧伽廢棄梵文經典而採用巴利文的佛典。

14世紀初，據說還在孟萊王統治蘭納王國時，在他死前的那一年，玉佛就在清萊被發現了。新王森方坎王(Sam Fang Kaen, 1373-1416)立即把佛像迎到王家寺院供奉起來。

14世紀的南掌國成立。法昂王出身於川東川通國（老撾的前身）王家，但因不能見容於其父而離國投往吳哥王廷，後娶柬埔寨皇帝闍耶跋摩九世（1327-1353?）的女兒為妻。在柬埔寨軍隊的支持下，率軍回琅勃拉邦，奪其祖父之國。改國名為南掌（或譯瀾滄）。後臣服蘭納，又統一老撾全境。

14世紀末，波隆摩羅闍一世(Boromoraja I, 1370–1388)終於從他的侄兒那裡奪過了阿瑜陀國政權。

14世紀時，素可泰接受了巴利文書寫系統，清邁也成了上座部佛教的中心。

14世紀中期以前，清萊已有佛教。清萊在清邁以北約百里之遙，13世紀末已屬於古代的蘭納泰國家。

1520年，南掌國15歲的菩提薩羅王(Bodhisara, 1520–1550)登上了琅勃拉邦的王座。

1537年，阿瓦王都被撣人部族攻破，發生緬甸史上最嚴重的滅佛法災難。

1544年，東吁的莽應龍王俘擄過阿瑜陀的恰克拉帕王(Chacraphat)。200年後，緬甸的雍籍牙王朝的孟駁王(1743–1774)又攻入了大城府（即阿瑜陀，是時1745年）。

1547年，年輕的南掌國王子塞塔提羅（Sethadhiraja, 1547–?）因其母為蘭納國公主，而蘭納國絕嗣便到清邁去繼承蘭納的統治權。三年後，其父親南掌國王菩提薩羅去世，塞塔提羅回到琅勃拉邦去料理老撾的政事，遂把翡翠玉佛從清邁帶到了南掌的王

都。於是，這尊玉佛到了老撾。

1548年，東吁的莽瑞體王率軍進入湄南河流域，但他在阿瑜陀城下兵敗，歸途中幾乎全軍覆沒。

1551–1581年，緬甸的莽應龍(Bayinnaung)在位。

1563年，莽應龍王再次攻下清邁，自北而南，圍城數月後，他於1564年2月破城並遷移數萬阿瑜陀人民到下緬甸錫唐河流域。

1564年，南掌的塞塔提羅王再次將翡翠玉佛從琅勃拉邦轉移到了萬象。

1568年，緬甸軍隊再次攻陷阿瑜陀。
1570年，南掌的塞塔提羅王在一次出征打仗時被部下殺死。

15世紀初，阿瑜陀攻破了吳哥國都，於是玉佛再次流入泰國中部或北方，在各個阿瑜陀王的藩王邦國中輪流受供養。

15世紀初，蘭納泰的一批比丘25人與吳哥的8位上座前往斯里蘭卡求法，他們在那裡的凱拉尼耶河上重新受戒 —— 據說該戒壇是當初佛祖到楞伽島時設立的，因此具有無上的權威性。從此

大寺的戒系正式傳到了北泰地區，這就是蘭納的僧伽羅派。

15世紀以後，蘭納泰的清萊就再次發現了這尊在吳哥消失了的翡翠玉佛。

15世紀之初，第一尊獅子佛由素可泰的王都被迎到清邁地方。

1637-1694年，南掌的蘇里昂旺沙(Souligna Vongsa)王在位。

16世紀初的蘭納國在孟覺王(Muang Kaeo)時，佛教即完全僧伽羅化，其義理研究亦達當時東南亞的最高水準。

16至20世紀中期，錫蘭（斯里蘭卡）受殖民主義統治，數百年間先後淪為葡萄牙人(1505-1658)、荷蘭人(1658-1796)和英國人(1796-1947)的殖民地。

1752年，東吁王朝被下緬甸孟人起義推翻。

1752-1885年，緬甸最後一個王朝——雍籍牙——統治時期。

1767年春天，緬甸軍隊消滅阿瑜陀泰人國家。

1774年，泰國的達信王起兵收復阿瑜陀，驅逐了緬甸軍隊。

1778年，還在達信王下面做將軍的恰克里率軍攻破了萬象城，他載著翡翠玉佛和那尊琅勃拉佛連同戰利品回到泰國。蒙固王在1868年將琅勃拉佛送還老撾。

1781–1819年，緬甸雍籍牙王朝的孟云王(Bodawpaya)時，放逐偏袒派僧人，支持全覆派。

1853–1878年， 敏東王(Mindon)在緬甸面臨滅頂之災的時候更是虔心向佛。

1784年3月22日， 在上座長老們選定的吉日， 將翡翠玉佛遷進了王家的阿隆寺，俗稱玉佛寺。

17世紀，蘭納王國依附於緬甸東吁王朝，18世紀後期逐漸獨立，19世紀初被曼谷王朝吞併。

1851年，有名的蒙固王登基，也就是拉瑪四世（1851–1868在位）。此前，該王做過27年比丘。他精通三藏論釋，懂得梵文、巴利文和英文。他創立了泰國僧伽中最有勢力的一派──法宗派，強調遵守斯里蘭卡上座部戒律，學習巴利文經典，成員主要是貴族階層，1932年後始允許平民參加。法宗派與傳統的上座部

僧伽組成的大宗派，構成泰國佛教的兩個主要派別。

1871年，敏東王在曼德勒主持佛教結集大會，校刊當時所有的巴利文經典，並用數百塊石碑鐫刻並加保存。

18世紀的泰國。阿瑜陀被緬甸人攻破亡國，一個叫做鄭信的中國人後裔領導義軍復國，統一了阿瑜陀的舊地。1768年鄭信在曼谷對岸的吞武里建都為王，史稱吞武里朝(1768-1782)。達信王原籍廣東，起兵時任達城太守，幼年在佛寺讀書，13歲入山毗訶羅寺為沙彌，天資過人，熟悉巴利文和佛典，通漢語、印地語、緬語和越語。虔信佛教。1778年，率軍征服萬象，繼而占領琅勃拉邦。從萬象迎回了翡翠玉佛像，供養在吞武里。玉佛造於佛滅後400年的印度，內藏佛舍利真身。後經楞伽島、素可泰，輾轉移至萬象，今供奉在曼谷玉佛寺，為泰國佛教的瑰寶。達信王晚年性情變得怪戾，同僧伽的關係也不和諧，1782年被屬下殺死。其部將中有恰克里將軍（即拉瑪一世，1782-1809在位），以後立國，稱曼谷王朝。

18世紀後期，錫蘭暹羅派成立。吉提室利羅闍辛哈王(Kittisiri Rajasiha, 1747-1781)統治錫蘭時，上座部佛教的傳統又一次得到更新。從泰國延請了僧人到楞伽島傳戒，形成了所謂暹羅派。

18世紀以後的泰國。拉瑪一世以後，曼谷王朝的歷代國王都

奉行佛教。拉瑪一世清洗了親達信王的僧團上座，整頓僧伽，校
訂三藏。1782-1801年間他頒布了約十個整頓佛教的敕令。1788
年他召集了僧伽大會，彙集校刊巴利文佛教經典。按泰國自己的
計算，這是整個佛教史上的第九次結集大會。前三次結集在印度；
而後的四次在錫蘭；第八次在清邁，時當阿瑜陀國王戴萊洛迦納
(Trailokanat, 1448-1488)在世。

　　18世紀以後錫蘭逐步形成的三個佛教派系：一是暹羅派，創
立於18世紀，源於泰國佛教影響。它一般持保守態度。該派寺院
非常富有，它只接收高種姓的戈因伽瑪種姓(Goyigama)出家；一
是阿摩羅婆羅(Amarapura)派，創立於19世紀，由下緬甸傳來。它
主要接收低種姓出身的出家人；第三支是從暹羅派中分裂出來的
改革派，稱為羅曼那派。此外在居士群中間還有一些改革的團體。

　　19世紀中期的泰國佛教。蒙固王創立了泰國僧伽中最有勢力
的法宗派。他曾敕令在佛統建造了泰國最大的佛塔，鼓勵將法宗
派傳到柬埔寨，又遣使往印度菩提伽耶求取菩提樹分枝。此後諸
王繼續搜集巴利語三藏的各種地方語寫本，進行校勘。1919-
1928年，出版了全部三藏注釋和藏外佛典。

# 改變歷史的佛教高僧
于淩波／著

## 大法東來，經典流布
## 佛門龍象，延佛慧命

佛教的種子傳入中國之後，所以能在中國的土壤紮根生長，實在是因為佛門高僧輩出。他們藉由佛經的翻譯及法義的傳播來開拓佛法，使佛教蓬勃發展。當我們追懷魏晉南北朝時代的佛教及那個時代的高僧時，也盼古代佛門龍象那種旺盛的開拓精神可以再現，為佛法注入新的生命。

# 伊斯蘭教與中國社會
葛　壯／著

## 堅定信仰真主的力量
## 成為優越奮發的穆斯林

曾經有一個虔誠的穆斯林說：「如果我信仰真主，當然是我優越，如果我不信仰真主，這條狗就比我優越。」就因為穆斯林們的堅定信仰，使得阿拉伯的伊斯蘭文化不斷地在中國各地傳播，並與中國各朝代的商業、政治、文化及社會產生了密切的互動。且讓我們走進歷史的事蹟裡，一探穆斯林在中國社會中的信仰點滴。

# 頓悟之道──勝鬘經講記　　謝大寧／著

## 你不是去信一尊外在的佛
## 而是去信你自己的心

如果眾生皆有無明住地的煩惱，是否有殊勝的法門可以對治呢？本書以「真常唯心」系最重要的經典──《勝鬘經》來顯發大乘教義，剖析人間社會的結構性煩惱，並具體指出眾生皆有如來藏心；而唯有護持這顆清淨心，才能真正斷滅人世煩惱，頓悟解脫。

# 唯識思想入門　　橫山紘一／著　許洋主／譯

## 從自己存在的根源除去污穢
## 而成為充滿安樂的新自己

疏離的時代，人類失去了自己本來的主體性，並正被異化、量化為巨大組織中的一小部分，而如果罹患了疏離感的現代人不做出主動且積極的努力，則永遠不得痊癒。唯識思想的歷史是向人類內心世界探究的歷史，而它的目的就在於：使人類既充滿污穢又異化的心，恢復清淨及正常的本質。

國家圖書館出版品預行編目資料

從印度佛教到泰國佛教 / 宋立道著. －－初版一刷.
－－臺北市；東大，民91
面； 公分－－(宗教文庫)

ISBN 957-19-2698-1 （平裝）

1. 佛教－東南亞－歷史

228.38 91007504

網路書店位址　http://www.sanmin.com.tw

© 從印度佛教到泰國佛教

著作人　宋立道
發行人　劉仲文
著作財　東大圖書股份有限公司
產權人　臺北市復興北路三八六號
發行所　東大圖書股份有限公司
　　　　地址／臺北市復興北路三八六號
　　　　電話／二五〇〇六六〇〇
　　　　郵撥／〇一〇七一七五——〇號
印刷所　東大圖書股份有限公司
門市部　復北店／臺北市復興北路三八六號
　　　　重南店／臺北市重慶南路一段六十一號
初版一刷　中華民國九十一年五月
編　號　E 22067
基本定價　參元捌角
行政院新聞局登記證局版臺業字第〇一九七號